Chinese Talents Research
Volume VI

第六辑

中国人才研究会
中国人事科学研究院
组织编写

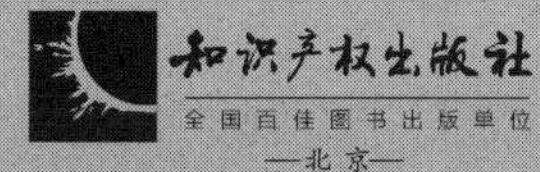

图书在版编目（CIP）数据

中国人才研究．第六辑/中国人才研究会，中国人事科学研究院组织编写．—北京：知识产权出版社，2024.8．—ISBN 978－7－5130－9399－6

Ⅰ．C964.2

中国国家版本馆 CIP 数据核字第 20242L009C 号

内容提要

《中国人才研究（第六辑）》由人才规律研究、人才高地研究、人才政策研究和人才开发研究 4 个部分共 17 篇文章组成。书中既有人才规律研究的现状与改进策略，又有新时代青年人才的成长规律及培育路径，还有科技人才政策的影响研究，以及人才机制的改革等方面的讨论，从不同角度展现了人才研究近期新的研究成果和发展趋势。本书可为读者了解人才发展领域热点问题的研究成果提供参考。

责任编辑： 卢海鹰　章鹿野　　**责任校对：** 潘凤越

封面设计： 杨杨工作室·张冀　　**责任印制：** 刘译文

中国人才研究（第六辑）

中国人才研究会　中国人事科学研究院　组织编写

出版发行：	知识产权出版社有限责任公司	网　　址：	http：//www.ipph.cn
社　　址：	北京市海淀区气象路 50 号院	邮　　编：	100081
责编电话：	010－82000860 转 8338	责编邮箱：	zhluye@163.com
发行电话：	010－82000860 转 8101/8102	发行传真：	010－82000893/82005070/82000270
印　　刷：	天津嘉恒印务有限公司	经　　销：	新华书店、各大网上书店及相关专业书店
开　　本：	787mm×1092mm　1/16	印　　张：	12.75
版　　次：	2024 年 8 月第 1 版	印　　次：	2024 年 8 月第 1 次印刷
字　　数：	230 千字	定　　价：	88.00 元

ISBN 978－7－5130－9399－6

编 委 会

前　言

由中国人才研究会和中国人事科学研究院组织编写的《中国人才研究（第六辑）》面世了。

中国人才研究兴起于1979年，今年正好是人才学建立45周年。本辑的出版，将作为我们纪念人才学建立45周年的礼物。简要回顾，这45年大体可以分为三个主要阶段：第一阶段，1979～1985年，是人才学理论构建、开拓的关键时期，标志性成果是《人才学通论》著作的出版。第二阶段，1985～2003年，是随着社会主义市场经济体制的建立而改革人才管理的探索时期，也是人才学理论积累、发展和学科拓展的时期，人才学被纳入学科标准与学科代码中。第三阶段，2003年至今，是人才强国战略确立与推进实施的重要时期，是坚持党管人才、人才引领驱动、实施人才计划工程、改革人才发展体制机制、建设人才强国的时期，是人才学紧密结合人才工作和人才战略开展人才研究、发挥学术支撑作用的时期，是人才学在人才工作实践基础上总结发展的时期，其间人才学成为二级学科，分支学科不断丰富发展。可以说，人才学伴随改革开放而诞生，又随着改革开放的深化而发展成长，在理论和实践两个方面取得了历史性的进展和丰富的学术成果。

党的十八大以来，以习近平同志为核心的党中央高度重视人才工作，并就人才工作发表了一系列重要论述，推动新时代人才工作取得历史性成就、发生历史性变革。2021年召开的中央人才工作会议上，习近平总书记围绕为什么建设人才强国、什么是人才强国、怎样建设人才强国的重大理论和实践问题，总结了我国人才事业发展的八个规律性认识，提出了加快建设世界重要人才中心和创新高地的目标，以及加快建设战略人才力量、深化人才发展体制机制改革等战略举措。党的二十大报告又提出了把教育、科技、人才作为中国式现代化建设的基础性、战略性支撑的重大判断，对教育、科技、人才“三位一体”统筹推进提出了要求。

总之，新时代人才工作要为中国式现代化全面推进强国建设、民族复兴伟业提供强大的人才和智力支撑。新时代人才学的任务，就是在这个背景下，根据目标导向、问题导向的原则，积极开展基础理论研究、政策咨询研究、实践应用研究，既发挥对人才工作的指导作用，又促进人才学科的深化发展。展望未来人才学的发展，主要应该从以下方面深入研究：第一，深入研究与“五位一体”总体布局和“四个全面”战略布局相适应的人才布局，以及中国式现代化所需要的人才战略。要研究经济、政治、社会、文化、生态等各个领域的人才培养、吸引、布局、激励形式。第二，深入研究世界重要人才中心和创新高地建设目标的实现问题。如何提升我国人才自主培养能力，培养大批拔尖创新人才，实现科技自立自强，是人才学要着力研究的。第三，深入研究新时代人才发展体制机制改革，提高人才工作治理能力的现代化水平。人才发展和成长需要适宜的环境、制度、条件，如何改革完善人才体制机制，提高人才工作治理水平，需要深入研究人才制度的基本理论，分析我国人才制度优势，剖析人才制度障碍，探索制度变迁规律，设计制度完善路径，从人才政策、立法、制度等角度开展理论和实践研究。具体包括培养制度、选拔制度、评价制度、任用制度、流动制度、激励制度、监督制度等。第四，深入研究专门人才学，揭示各个领域人才的成长规律和开发方法，服务于人才队伍建设。要通过实证研究的方法，研究各领域取得成果的人才群体，揭示其发展成长规律，为各领域人才开发提供理论依据和实践对策。要特别针对重点领域和薄弱领域开展研究，诸如人工智能、金融、高新技术产业、企业管理、贸易、医疗、外交、法治、宣传等领域的人才。第五，深入研究人才发展史、思想史、制度史，总结历史发展规律。规律是在历史发展中显现出来的，要选择和发掘有价值的历史研究课题，既作系统研究，又作深入的专题研究，以供借鉴。要集中研究发达国家、新兴经济体等在人才总体方面的形成、演化、流动、布局的过程与经验，以供借鉴。第六，深入研究人才学基本原理，推进人才学理论迭代更新，完善人才学学科体系、理论体系。完善概念体系，使概念之网更细更密；增强理论的逻辑性和丰富性，使其解释力更加强大；发展独特的研究方法，使得出的结论更加可靠可信可用。希望这些方向对今后的人才研究能够有所导引。

《中国人才研究（第六辑）》主要来源于 2022 年 11 月中国人才研究会人才学专业委员会学术年会中的论文摘选，会议的主题是学习贯彻落实党的二十大精神，探讨新时代人才规律和人才高地建设，会议内容包括人才规律研究、人才高地研究、人才政策研究和人才开发研究等。会议征集论文 50 多篇，本辑选择 17 篇优秀论文汇编成集，以便于学界分享。

在编辑过程中，编委会确定了选编的基本方针，钟祖荣等做了一些内容和文字编辑工作，中国人才研究会秘书处、中国人事科学研究院科研管理处负责编务与出版联络事宜。知识产权出版社编辑同志提出了很多良好的修改意见。如仍有不当之处，还请读者批评指正。

目　录

人才规律研究

人才高地研究

人才政策研究

人才开发研究

人才规律研究

人才规律研究的现状与改进策略*

钟祖荣

摘　要：笔者基于比较有代表性的人才规律研究论著，归纳了人才规律研究的几种模式——统计分析、测量研究、胜任力研究、类案研究、理论研究等，并进行比较，分析了各种模式的优点与不足。基于1996年1月—2021年3月的126篇人才规律研究论文，从研究对象、研究材料、研究方法、学科视角、机构与学者、调查样本量等方面分析了人才研究现状及其特征，指出了研究外部因素影响多、研究内部因素影响少等不足。在此基础上，从研究模式改进、研究布局完善、研究质量提升、研究条件改善等四个方面提出了深入推进人才规律研究的策略。

关键词：人才规律；人才规律研究模式；人才规律研究现状；深入推进策略

一、人才规律研究的意义及其迫切需要

“十四五”开端，我国迈入了全面建设社会主义现代化国家的新征程，党确立了到21世纪中叶建成社会主义现代化强国、实现中华民族伟大复兴的宏伟目标。要实现这个目标，就需要教育、科技、人才的基础性、战略性支撑，深入实施科教兴国战略、人才强国战略、创新驱动发展战略，提高人才自主培养能力，建设世界重要人才中心和创新高地。没有高质量和规模宏大的人才队伍，实现这个目标是困难的。做好教育、科技、人才工作，都有一个重要的前提，就是要遵循人才成长规律。

党的十八大以来，习近平总书记多次提到要遵循人才成长规律：2014年5月13日，《在〈中央人才工作协调小组关于二〇一三年工作情况的报告〉上的批示》中提出遵循社会主义市场经济规律和人才成长规律；2014年6月9

* 本篇论文来自国家社会科学基金项目“实施新时代人才强国战略关键问题研究”（22ZDA037）阶段性成果。

日，在中国科学院第十七次院士大会、中国工程院第十二次院士大会上的讲话中提到，要按照人才成长规律改进人才培养机制；2016 年 5 月 30 日在全国科技创新大会、两院院士大会、中国科学技术协会第九次全国代表大会上的讲话中提到，科技人才培育和成长有其规律；在基础研究领域，包括一些应用科技领域，要尊重科学研究灵感瞬间性、方式随意性、路径不确定性的特点，允许科学家自由畅想、大胆假设、认真求证。由此可见，人才成长规律、科学研究规律及其作用一直受到重视。

首先，要遵循人才成长规律，就要通过科学研究揭示出人才成长的规律。人才规律的研究和揭示，对人才工作实践和人才政策制定都具有重要意义。比较典型的例子是汤浅光朝关于科学中心转移的发现和赵红洲关于科学家最佳年龄规律①的揭示，在支持中青年科学家政策、设置青年科技项目等方面起到了理论支撑的作用。当然，还有大量的研究成果起到了积极作用。但与我国人才工作人才事业的需求相比较，特别是与各领域、各方面人才队伍建设的需求相比较，关于人才规律的研究还远远不够，不能满足实践的需要。可以说，关于人才规律的研究十分紧迫。

其次，人才规律的研究也是人才学学科发展和学术发展的迫切需要。科学的根本任务就是揭示规律，人才学的学科发展任务，就是揭示人才规律。某种意义上说，研究人才规律就是研究人才学，研究人才学就是研究人才规律，二者是等同的。人才学理论的构建和成熟，完全依赖于对人才成长规律的揭示程度。我国人才学经过了 40 多年的发展，在人才规律的研究和总结概括上取得了不少成绩，但还远远不够。人才学学科要继续发展，理论要更加成熟，就要深化人才规律的研究，揭示更多、更具体、更有解释力、更有预测性的人才规律。

二、人才规律的含义、类型与研究的任务

理解人才规律及其类型是笔者分析研究现状、提出深化研究对策的基础和理论前提。

什么是人才规律？规律是事物内部各因素之间的本质联系和发展趋势。联系是本质的，而不是表面的。本质联系反映在因果关系、相关关系等关系上。发展趋势是必然的趋势，体现的是发展的逻辑，例如“前途是光明的，道路是

① 赵红洲. 科学能力学引论［M］. 北京：科学出版社，1984：221－222.

曲折的”，就是一种发展逻辑，即事物的发展不可能是直线的、线性的，而是波澜起伏的、螺旋式的，但总趋势一定是趋向更加合理、更加有序。因此，研究人才规律主要有三个问题：第一，人才发展的影响因素以及这些因素是如何影响人才发展的，即它们之间的内在联系或影响发生的机制机理；第二，人才发展的过程与必然趋势，例如人才个体的成长阶段、人才中心的转移趋向、人才群体的生命周期等；第三，人才发展的分布、特征及其成因，分布及特征只是描述性的，这种描述性是比较表面的，重要的是揭示其成因，以及对这种分布状况作出评价，作出预测和判断，给人们指明前景和发展方向。

人才学有三个层次，即宏观人才学、中观人才学、微观人才学，相应地有三个层次的规律。宏观人才学是研究国家和区域在一定经济、社会发展背景驱动下的人才总体分布及其流动的规律；中观人才学是研究组织范围内人才群体或人才团队的运动与发挥作用的规律，核心是研究群体结构与功能之间的关系；微观人才学是研究人才个体的成长规律、创造规律和发挥作用的规律，即“成才”和“展才”的规律。三个层次的主体不同，其发展的规律是有区别的。人才学需要研究三个层次的人才规律，为国家政策所用，为组织用人所用，为个体成才所用，为社会开发人才所用。[①]

人才学也分为一般人才学和专门人才学，一般人才学是揭示各类人才普遍的共同的规律，而专门人才学是揭示各行业、各领域、各层次的人才规律，例如科技人才学、教育人才学、政治人才学、信息技术人才学、艺术人才学、企业家人才学等，也包括青年人才学、老年人才学、高层次拔尖人才学、战略科学人才学等，揭示的是人才发展的特殊规律。人才发展的一般规律与特殊规律是相互促进的，一般规律的研究可以指导特殊规律的研究。与此相反，特殊规律的研究也可以丰富和发展一般规律的研究。同时，各行业、各领域人才工作更多的是依靠专门人才学所揭示的特殊规律，依靠专门人才学的理论。由于我国经济社会的迅速发展，产业结构的不断变革，高新技术产业发展壮大，出现了许多新的行业和职业领域，诸如数字经济、绿色经济、社会服务等，因此揭示各行业、各领域、各层次人才成长的特殊规律，促进各行业人才队伍建设，发展专门人才学，应该是当前重要紧急的任务之一。

通过人才规律研究，对于得到什么样的结果、规律表现为什么样的形态，以及如何判断人才规律研究的成果和质量等问题，可以有以下三点思考。

---

① 叶忠海．新编人才学通论［M］．北京：党建读物出版社，2013：279－343．

第一，从表述形式上，规律可以是公式，例如速度、时间和距离的关系公式；规律也可以是命题和判断，例如教师的教学经验与教龄有高度正相关性等。

第二，从联系性质上，规律可分为必然联系与概然联系两种。必然联系通常是因果关系的揭示；概然规律则是统计规律，即大概率。人才规律研究大多采用定量方法得出统计概率，例如最佳年龄规律、成才周期规律，人才成长的家庭背景、教育背景、职业背景等概率。概然规律是其主要的研究成果形式。

第三，从功能和特征上，规律要具有可重复性、解释力、预测性等，也就是说，当给定条件时，就能够推测出结果，或给出大致的概率。比如张明月基于对 276 名物理、化学院士成长规律的研究①，采用了三种预测模型，即三种不同的算法，选择了 13 个指标作为模型的输入并求得结果，经过与实际对照检验，得出比较好的预测效度。

三、人才规律研究的模式分析

笔者以比较有代表性的论著，分析已有的人才规律研究成果，可以总结出人才规律研究方法的多种模式。这些模式对揭示人才规律的目的既有其优点，也有其不足。认识这些优点和不足，对研究者探寻更科学合理的方法和模式是必要的。

（一）统计研究

基于数据库和统计数据，按照研究的需要和指标进行统计，得到相关数据和占比，再进一步通过回归分析、因素分析揭示各因素的影响程度或贡献率。其中包括各个历史时期的人才统计、人才地理分布统计、人才成长履历信息统计等。比较典型的是关于某一类人才的履历分析和分布统计，比如籍贯、性别、学历（受教育程度）、学位、取得成果的年龄等分布情况。这类研究模式在人才学研究上出现较早，运用也比较广泛、普遍，是研究人才规律主要的模式。早期如梁启超等一批学者的人才地理分布的统计，潘光旦对伶人血缘关系的家谱统计分析②，何炳棣基于对明朝和清朝科举制度中上万个案例的社会流动与分层统计分析③，朱克曼对美国诺贝尔奖获得者的统计④，白春礼等对中

① 张明月. 基于成长规律的杰出学者预测研究［D］. 南京：南京大学，2019.

② 潘乃穆，潘乃和. 潘光旦文集：第 2 卷［M］. 北京：北京大学出版社，1994：73－303.

③ 何炳棣. 明清社会史论［M］. 北京：中华书局，2019.

④ 朱克曼. 科学界的精英［M］. 北京：商务印书馆，1979.

国科学院科技人才的研究[①]，笔者基于古今中外177名教育家成长的家庭、教育和职业背景的统计分析[②]等。例如，上海交通大学医学院陈建俞基于其承担的国家自然科学基金项目“优秀青年科学基金项目绩效评价指标体系构建与实证分析”，对基金项目获得者履历进行分析，涉及人口学特征（性别分布、年龄分布）、教育出身（博士学位授予单位类别、学科专业领域、海外留学经历）、职业流动特征（流动现状、区域流动、机构流动）。[③] 这些特征是现状描述，只涉及现象和特点，其本身不是规律。当然，特点中蕴含的规律需要被揭示。为什么呈现这样的特点？只有揭示其原因，才能揭示其本质联系和规律。其论文的精华是进一步分析了各因素和人才成长之间的关系，比如通过对样本优秀青年在不同学科领域的性别差异进行卡方检验，发现有显著性差异：男性青年在工程材料学部比例最高，女性青年在医学科学部的比例最高。相关性比现状描述更深入。至于为什么会有这样的相关性（即规律）还没有阐释，因为这种阐释不是靠统计和检验就能够说清楚的。仅仅是统计分析难以真正揭示规律，而只能为规律的揭示指出方向、指出重点。因此，统计研究论文中通常有一个部分——讨论，通过其他材料或者推测来揭示统计研究背后可能存在的机理或规律。

（二）测量研究

测量研究包括心理测量、历史测量等。心理测量是运用各类心理量表对人才群体和个体进行测试，常见量表有智力量表、创造力量表、人格量表等。这些心理测量主要测试的是人才的内在因素，通过测试可以分析这些内在因素对人才成长的影响，或者相关性。例如林传鼎对唐宋以来34名历史人物的智力和心理特征的估计，就是这方面的代表。刘易斯·麦迪逊·推孟（Lewis Madison Terman）在其开展的“天才发生学”研究中对1000多名天才儿童的研究也是运用智力测验、人格测验和调查问卷，得出天才的各种特征。心理测量还可以通过人才组和非人才组的对比分析，以及不同类别人才的对比分析看出一些规律。

迪恩·基思·西蒙顿（Dean Keith Simonton）所做的是历史测量学的研究。

① 白春礼. 杰出科技人才的成长历程：中国科学院科技人才成长规律研究［M］. 北京：科学出版社，2007.

② 钟祖荣. 论教育家形成的外部条件［M］//本书编辑委员会. 中国人文社会科学博士硕士文库（续编）教育卷：上册. 杭州：浙江教育出版社，2005：78－120.

③ 陈建俞. 我国青年科技人才群体特征与人才成长关系：基于2012—2020年国家自然科学基金优秀青年科学基金项目获得者履历的分析［J］. 科技管理研究，2022（14）：111－122.

历史测量研究的不是当代的事件，而是历史上的事件，基于史料来研究；历史测量研究的是一个群体，而不是一个人，例如政治家群体、科学家群体等。历史事件和个人情况本是定性的内容，如何进行量化以进行统计分析，西蒙顿提出了历史测量学的方法，比如战争可以按烈度赋不同的值，时代按照一个数值（如 10 年一段）来划分，个人的教育程度可以按程度赋不同的值等，然后进行相关分析，得出它们之间的相关系数。比如他分析了 109 位领导者和 192 位创造者的正规教育与杰出等级之间的相关性。[①]统计和测量类似，都是求各因素的相关性和影响程度。但二者所用数据类型不同（统计多是分析个数，这些数是非连续性的、离散性的；测量是分析数值或分数，这些数是连续性的），在统计检验上使用不同的方法。

（三）胜任力研究

胜任力研究是心理学和人力资源管理中比较典型和流行的一类研究模式。胜任力研究是一种定性和定量相结合的研究：首先是对绩优群体和普通群体进行事件访谈，围绕工作中表现好的和表现差的事件，请被试者描述情况；其次是对描述的文本进行编码和归类分析，对不同程度的行为赋值进行统计；最后是比较两个群体在胜任特征上的差异。通过这种方法，可以找出人才的特征，或者说明这些内在的胜任特征与职业成就之间的关系，在一定程度上揭示某个领域成功者的能力素质和人格特征。这种研究还可以借助访谈者的描述性材料以及具体事例进行成功或失败的机制分析，是揭示人才规律较好的方法之一。

（四）类案研究

类案研究是运用人才的案例材料，但不是个案，而是类案或群案，通过对案例的特点、影响因素的提炼，形成人才类型化的研究成果。类案研究的材料有的是文本材料，有的是访谈。在访谈方面，典型的如米哈里·奇凯岑特米哈伊（Mihaly Csikszentmihalyi）在《创造性》一书中的访谈、朱克曼对诺贝尔奖获得者的访谈、本杰明·布鲁姆（Benjamin Bloom）对几类人才的访谈等。类案研究典型的是美国心理学家霍华德·加德纳（Howard Gardner）对杰出人才的归类。他在《杰出的头脑》一书中，通过分析个人与领域、自我、他人三者之间的关系逻辑，把杰出人才分四类：掌握型、开创型、内省型、影响型。

---

① 钟祖荣．外国人才研究史纲［M］．北京：蓝天出版社，2005：183－189．

掌握型的杰出人才是指全面掌握一个或多个领域知识技能的人；开创型的杰出人才即把自己的精力投入创造一个新的领域（精神分析）上；内省型的杰出人才着力探索自己的内心世界和内心思想活动；影响型的杰出人才的目标是影响别人。[①]这种研究比较重视人物的质性材料，有利于作比较深入的机理分析。

（五）理论研究

人才学建立后，王通讯、叶忠海等专家基于对人才成长的大量案例观察和理性逻辑分析，对人才成长规律进行了理论概括和表述。王通讯提出了八大规律，具体有：师承效应规律、扬长避短规律、最佳年龄规律、马太效应规律、期望效应规律、共生效应规律、累积效应规律、综合效应规律。[②]《新编人才学通论》一书中对各层次人才规律进行了理论概括：宏观层面，分为时势造就人才规律、经济发展与人才发展相互作用规律、人才空间分布与位移规律、人才生态群落效应规律；中观层面，分为共同愿景凝聚效应规律、高端引领效应规律、互补优化效应规律；微观层面，分为创造实践成才规律、人才过程转化规律、竞争择优成才规律、优势积累和发挥成才规律、最佳年龄规律、成才周期规律等[③]。笔者也在早期就人才成长中若干关系分析人才规律，例如继承与创新、时代需要与实现条件、理论与实践、内因与外因、创造实践与人才素质等关系。[④]这种理论研究的优势是抽象，即逻辑的分析和推理，说服力较强，不足之处在于有的研究缺乏逻辑论证，材料或论据的支撑力度不足。

（六）其他模式

缪进鸿提出的比较人才学，运用有关人物资料，对各类人才进行统计分析并比较，发现他们之间的差异和特殊性规律。但比较的基础是对各类人才成长规律的研究，需要较丰富的各类人才研究成果。

除此之外，还有其他一些研究模式，比如文化地理研究、心理历史研究等。文化地理是人文地理的一部分，其中人才地理又是文化地理的一部分，通过分析地域文化对地域人才的影响，以及地域人才对地域经济社会的影响，可以揭示文化与人才之间的本质性联系。其中有代表性的是对湖湘文化与湘籍人

---

① 加德纳．杰出的头脑［M］．乐文卿，王莉，译．北京：中国友谊出版公司，2000：15－19．

② 王通讯．人才成长的八大规律［J］．决策与信息，2006（5）：14－15．

③ 叶忠海．新编人才学通论［M］．北京：党建读物出版社，2013：282－343．

④ 钟祖荣．走向人才社会［M］北京：党建读物出版社，2014．

才的研究，代表性著作有：郑太华的《近代湖湘文化与近代湘籍人才群体》，陶用舒的《近代湖南人才群体研究》，易永卿、陶用舒的《现代湖南人才群体研究》，刘华清的《湘籍无产阶级革命家群体成长道路研究》。心理历史学研究是用心理分析去解读历史人物（心理历史传记）和历史事件，该研究争议比较大些，有人认为心理因素决定论比较偏颇，但其也是一种研究模式。弗洛伊德提出一条撰写传记的原则，即每个人有某方面的天性，很可能源于其童年经历，必须追溯他的童年经历。[①] 这方面的心理传记很多。

（七）模式比较

对于上文提到的研究模式，笔者从所用材料、分析方法、观点结论、特殊用途（优势）、相对不足共五个维度进行比较（见表1），可以发现各模式的优点与不足。从所用材料看，有数据、案例等；从分析方法看，有履历、质性分析等；从观点结论看，有概率、关系、模型、必然联系等。应该说，每种模式在研究人才规律方面有一定的优势和特殊功能，同时也存在某些不足。因此，在研究人才规律时，要注意根据可得材料，尽可能运用多种方法，相互补充，以更好地多角度揭示人才成长的规律。

表1　各种研究模式比较

研究模式	所用材料	分析方法	观点结论	特殊用途	相对不足
统计研究	数据、履历、传记	履历分析、相关、回归	概率、模型、关系、阶段	外部因素影响	成因分析不足
测量研究	测量数据、人才史料	描述、相关	概率、模型、关系	内部因素影响	成因分析不足
胜任力研究	事件访谈	质性分析、建模	胜任特征、胜任力分级词典	内部因素影响、特征揭示	特征分析多发展过程分析少
类案研究	案例、传记	编码、分类	类型、因素	分类、特征	量化不足
理论研究	案例、数据	抽象、概括	必然联系、过程趋势	理论总结	思辨而论证论据不充分
比较研究	各类数据	比较	差异、特殊性	揭示特殊规律	揭示一般规律不足
文化地理研究	数据、履历	占比、分布、地图	空间分布、分布演变	宏观人才分布研究	成因分析不足
心理历史研究	早期经历案例、传记	心理分析、精神分析	特质成因、历史动因	个体动机	可信度不足

① 罗凤礼．历史与心灵：西方心理史学的理论与实践［M］．北京：中央编译出版社，1998：7－14.

四、人才规律研究的现状

笔者从中国知网上以“人才规律”为主题词，检索 1996 年 1 月—2021 年 3 月的人才规律研究论文，筛选出 126 篇，对这些论文进行阅读和统计分析，得到 1996 年 1 月—2021 年 3 月各领域人才规律研究论文数分析情况（见表 2）和按研究的学科领域划分的论文数及方法分析情况（见表 3），在一定程度上反映了人才规律的研究现状。

表 2　1996 年至今各领域人才规律研究论文数分析情况　　单位：篇

	1996—2000 年		2001—2005 年		2006—2010 年		2011—2015 年		2016—2020 年		2021 年 1—3 月		合计
领域	J	D	J	D	J	D	J	D	J	D	J	D	
领导	0	0	0	1	6	0	2	5	0	3	0	0	17
科技	1	0	9	0	13	6	12	10	10	3	0	0	64
技能	0	0	1	0	1	1	0	0	0	1	0	0	4
社科	0	0	2	0	1	0	1	1	1	2	0	0	8
教育	0	0	1	0	1	0	0	1	1	0	0	0	4
体育	0	0	2	0	5	2	2	1	0	1	0	0	13
经济	1	0	0	0	2	2	0	0	0	0	0	0	5
医疗	0	0	0	0	1	0	0	0	1	0	0	0	2
出版	0	0	0	0	0	0	0	2	0	0	0	1	3
综合	1	0	0	0	2	1	0	1	1	0	0	0	6
合计	3	0	15	1	32	12	17	21	14	10	0	1	126
	3		16		44		38		24		1		

注：表中 J 指期刊论文，D 指学位论文。

（一）研究对象的领域分布

从人才研究领域看，绝大部分学者按特定的领域来研究人才规律，分领域的论文占比 95. 24%；只有 6 篇论文是不分领域而综合探讨的，比如按地域研究人才分布规律、探讨人才一般规律。从具体领域看，关于科技人才的研究占主体，占 50. 79%，居第一位；其次是关于领导人才的研究，占 13. 49%；然后是关于体育人才的研究，占 10. 32%。从论文的发表形式看，期刊论文 81 篇，占比超过 60%，学位论文 45 篇，占比超过 35%。学位论文中有博士论文 13 篇，占学位论文的 28. 89%。这说明人才规律是研究生重要的选题内容，而且由于学位论文篇幅较大，对人才规律的研究也比较深入细致。

（二）从论文发表时间看，有相对集中的时期

2006—2020 年对人才规律研究比较活跃，发表的论文占 84.13%。其中，2006—2015 年发表论文比较集中，占 65.08%，其后有所减弱。相对集中的原因之一，可能是中央在 2003 年、2010 年分别召开了人才工作会议，引起各界对人才规律理论研究的重视。

（三）研究的学科领域分布

学科分布是按照论文的学科专业划分，或者按照作者的研究领域分。其中科学学（包括科技哲学、科学社会学、科技管理等）最多，占 31.45%，这也可能与研究对象有关。排名第二位的是管理学，包括行政管理、公共管理、人力资源管理、管理科学与工程等，占 17.74%。排名第三位的是教育学，以高等教育学居多，占 14.52%。排名第四位的是地理学，占 12.10%。由此可以看出研究人才规律比较活跃的学科专业领域。

表 3　按研究的学科领域划分的论文数及其方法分析情况

学科	论文		方法/篇		实证研究的样本量		
	篇数	占比/%	思辨	实证	<100 人	101—500 人	>501 人
科学学	39	31.45	7	32	10	12	10
教育学	18	14.52	6	12	9	2	1
心理学	12	9.68	3	9	3	4	2
地理学	15	12.10	0	15	0	9	6
历史学	14	11.29	7	7	2	5	0
管理学	22	17.74	6	16	2	9	5
情报学	4	3.23	0	4	3	1	0
合计	124	100.01 *	29	95	29	42	24

注：科学学包括科技哲学、科学社会学、科技管理等；教育学包括高等教育学；历史学包括中共党史；管理学包括行政管理、公共管理、人力资源管理、管理科学与工程等。

（四）研究集中的高校与学者

在这些研究中，有比较集中的高校与学者，比如中国科学技术大学的徐飞

* 本书中的百分比计算由于进行了四舍五入，因此可能出现百分比之和不等于 100% 的情况，下同。——编辑注

教授，指导了卜晓勇[①]、杨丽[②]等人，发表了许多研究论文；华中科技大学的钟书华教授指导了崔璐[③]等人；北京师范大学的吴殿廷教授，指导了许多学生，并与学生合作发表了许多领域人才分布的人才地理学论文，形成了一定的研究范式；广西民族大学的李涛教授指导学生发表的研究论文，形成系列；张晓纪从历史学角度先后研究了明清时期的安徽人才分布、湖北人才分布。以上说明人才规律研究已成为部分高校和学者的持续关注主题。

（五）研究对象选择方法

在研究对象上，学者普遍采用易操作和易搜集材料的人才群体（以“人才帽子”为依据），比如中国科学院院士、中国工程院院士、高被引论文作者、国家自然科学基金项目申请人、大学校长、体育比赛冠军等，这些对象在研究定义上十分明确，不会产生歧义。还有以学者或者以传记系列来研究，比如自然科学家、社会科学家、诺贝尔奖获得者等，这往往取决于传记资料的丰富度，越丰富越容易被选为研究对象。反之，被研究的可能性就小。比如技能型人才研究不多的原因，一是界定不十分清晰，二是相关人物资料比较少或不够集中。

（六）研究方法

在研究方法上，绝大部分学者采用实证研究的方法，比较多的是进行数据统计、问卷调查、测量等，大多进行履历分析（CV 分析）[④]，包括性别、年龄、籍贯、学历、毕业院校、学位、留学经历、岗位、单位流动、产出等内容。在定量研究论文中，大多是描述统计（频次、百分比等），少部分论文进行了差异检验、因子分析、回归分析、网络分析、地图分析等。

总体来看，人才规律的研究取得了不小的进展，但也存在许多不足。主要体现在以下五个方面：第一，描述多，分析少；统计数据较多，但机制机理分析较少。哲学家凯德洛夫说：当有关的规律还没有被发现时，人只能描述现象，搜集事实并使事实系统化，积累经验材料。然而这不是科学。[⑤] 第二，大

---

① 卜晓勇．中国现代科学精英［D］．合肥：中国科学技术大学，2007.

② 杨丽．中国女性科学家群体状况研究［D］．合肥：中国科学技术大学，2010.

③ 崔璐．15 世纪以来人文社会科学人才年龄与成果的时空分布［M］．北京：中国经济出版社，2018.

④ 周建中，肖小溪．科技人才政策研究中应用 CV 方法的综述与启示［J］．科学性与科学技术管理，2011（2）：151－156.

⑤ 拉契科夫．科学学：问题、结构、基本原理［M］．北京：科学出版社，1984：24.

多是泛泛地分析成因，分析的深度、细致程度远远不够，且进行深度成因分析少。第三，从影响因素上说，研究外部因素比较多，因为其相对好进行数量统计；研究内部因素比较少，即便有研究，大多也是案例分析，很少进行实证统计分析。只有一些人格测量研究对人才内在素质有一些定量分析。第四，对多个维度（家庭、教育、职业等）、多种指标的分析比较多，综合性的分析和归纳提炼总结比较少，缺少对多因素分析后的整合研究。第五，对不同领域行业人才成长规律的研究不平衡，对科技人才研究比较多，对其他人才研究比较少。

五、深入推进策略

针对人才规律研究的需要和目前人才的不足，以及人才规律的研究如何深入推进，笔者提出以下四个方面的建议。

（一）研究模式如何改进

前述各种人才规律的研究模式，对揭示人才规律起到了一定作用，但又似乎有些不足，难以达到揭示本质联系和发展趋势的效果，因此需要完善各种研究模式。第一，在分析归因和原因方面下功夫。不仅进行人才分布、特征的统计，而且分析其原因。高芳祎在其博士论文《华人精英科学家成长过程特征及影响因素研究》中，把统计和传记分析、案例分析结合起来，分析各因素的影响机理，研究比较深入。[①] 第二，加强各种方法的综合运用，定量和定性结合、分析和综合结合、数据和案例结合、概率和事实结合，通过多角度方法的运用，以达到深入。第三，强化问题意识，加强细化、拆分式的研究，比如岗位流动，不是简单统计有无流动，而是拆分流动的次数、流动的原因（归类）、流动的方向、流动的方式、流动的效果等一系列问题，总之问题越细致，规律的研究就越深入。

（二）研究布局如何完善

人才研究集中在科技人才、党政人才、体育人才等领域，原因之一是这些人才受到重视，相关人才的操作性定义比较明确，例如院士、冠军等。原因之

① 高芳祎. 华人精英科学家成长过程特征及影响因素研究［D］. 上海：华东师范大学，2015.

二是相关人才材料比较多，相关信息资料易于搜集，其他领域资料搜集较难。

不同领域人才肯定有其成长的特殊性，加强不同领域人才规律的研究，不仅是行业人才工作科学化的需要，也是深入揭示人才规律的需要。只有在对各领域人才都有所研究的基础上，才能开展比较研究，通过深入比较和分析，揭示各行业人才成长规律的特殊性。总之，要扩展研究面，特别是建设现代化国家所需要的各类人才，例如经济人才、企业家人才、信息技术人才、数字经济人才、法治人才、文化人才等领域的人才规律研究。人才学研究人员和各行业领域的人才研究人员在这个扩展的过程中要主动发挥作用。

（三）研究质量如何提升

研究质量的根本是提高研究方法水平。一是采集样本要有一定规模。研究一般应在 100 人或 100 人以上的样本可信度较高。二是重视传记材料的使用。只有通过具体的材料才能对其中的机理、规律作深入的分析，仅靠数据，即便分析方法再深入也是有局限的。只有把数据统计和基于案例、事例的机理分析结合起来，才能说明道理。三是要尽可能定量化。应先确定分析维度，每个维度要设计指标体系，每个指标的状态应该赋值加权，再进行回归分析、建立模型，这样才能更接近事物的本质。四是在统计分析上要使用科学方法，特别是回归分析、因子分析、建立模型等。五是加强理论抽象。这种抽象不是抛开统计数据的抽象，而应基于统计的结果，结合具体人物事例，从事物本质联系的角度，加以抽象和概括，这样才能接近规律。六是加强多种方法的结合运用。比如加强比较的方法，不同人才类型之间比较，不同地区同类人才比较，不同层次的人才比较，从而发现一些特殊性；或者把履历分析、测量研究结合起来，由于履历分析大多是研究外部因素，而测量研究主要是研究内部个体因素（智力、能力、人格等），这样就能够把内部因素和外部因素结合起来分析人才成长的规律。

（四）研究条件如何改善

营造更好的人才规律研究的条件和环境要做好以下工作。一是加强研究的信息环境建设。研究人才规律的基础是大量具体人才的信息资料，通过分析和抽象这些资料加强人才规律研究。例如关于水利人才的研究[①]，源于 1994 年出

① 张伟兵，刘林，李贵宝. 我国现代水利人才分布及背景［J］. 水利发展研究，2011（4）：71－74.

版的图书《中国现代水利人物志》提供的大量人物资料。如今，由于许多领域的人才信息指标数量少、分散不集中、成长经历材料少、采集难，因此加强人才信息的建设是开展大规模大面积人才规律研究的基础。具体包括：人才信息数据库的建立与共享；行业人物系列传记的编撰出版，这是人才规律研究的重要资料来源；设计开发研究人才的科学性强的问卷和量表。二是加强研究的支持环境建设。比如刊物发表方面开辟栏目加以引导鼓励；出版方面给予支持；立项和经费支持方面给予支持倾斜；通过行业人才规划实施，驱动人才规律研究；领导对人才规律研究要给予重视。三是加强研究的交流环境建设。个人或多人合作形式开展的研究或发表的论文，其相互之间的深入讨论辩论少。应多组织不同层次和角度的学术研讨，围绕人才规律的诸多问题深入交流与分析，进而推动人才规律研究的深入开展。

（钟祖荣，北京教育科学研究院教授，中国人才研究会副会长）

新时代哲学社会科学人才成长规律研究

邓明锋　王　斌

摘　要：哲学社会科学人才是构建我国哲学社会科学体系的重要力量，研究哲学社会科学人才成长规律是理论研究的指引、历史发展的总结和实践探索的结晶。哲学社会科学人才的成长具有普遍性、客观性的规律。对哲学与社会科学人才成长规律展开研究，发现哲学社会科学人才成长规律包括人才竞争规律、积累效应规律、马太效应规律、师承效应规律。完善哲学社会科学人才评价体系、强化激励机制、健全动力机制、优化政策保障机制可以促进新时代哲学社会科学人才成长，有利于培养更多高水平的优秀哲学社会科学人才。

关键词：哲学社会科学人才；成长规律；完善机制

哲学社会科学人才是新时代丰富多样的人才队伍中重要的一员，是新时代社会精神产品的主要提供者，哲学社会工作者是推动理论创新的重要力量，也是各种治国理政方针研究的参与者。哲学社会科学人才队伍的建设水平，在一定程度上是衡量一个民族思维能力、文明素质和民族精神的重要指标，也是衡量一个国家软实力和国际竞争力的重要指标。“构建中国特色哲学社会科学，要从人抓起，绵绵用力，久久为功”。[①] 要建设出高水平的哲学社会科学人才队伍，离不开要研究新时代哲学社会科学人才成长规律。笔者拟通过分析总结新时代背景下哲学社会科学人才成长的普遍规律，探索新时代人才成长规律有效发挥的影响机制，以期为加快哲学社会科学人才队伍建设提供参考。

① 中办印发《国家“十四五”时期哲学社会科学发展规划》：加强新时代哲学社会科学人才队伍建设［J］．中国人才，2022（6）：7.

一、新时代哲学社会科学人才成长规律研究的价值意蕴

研究新时代哲学社会科学人才成长规律，对于哲学社会科学人才培养具有重要意义。

（一）新时代哲学社会科学人才成长规律是理论研究的指引

回顾历史，正如习近平总书记所指出的：人类社会每一次重大跃进，人类文明每一次重大发展，都离不开哲学社会科学的知识变革和思想先导。[①] 托马斯·霍布斯（Thomas Hobbes）、约翰·洛克（John Locke）、亚当·斯密（Adam Smith）等思想家所倡导的“自由”为话语的哲学思想，对英国的崛起起到了重要的推动作用。伊曼努尔·康德（Immanuel Kant）等理性主义哲学家主张的“理性”与“科学”，是德国崛起的理论动力。20世纪初期，马克思理论指引中国无产阶级革命取得胜利，同时也为我国之后的改革和发展提供了源源不断的思想养分。在我国社会主义事业发展时期，无数的哲学社会科学人才围绕经济社会发展所面临的重大理论和现实问题开展研究，提出独到的理论和观点，积极述学立论，为社会发展建言献策，为民族复兴担负起历史赋予的光荣使命。迈入新时代，哲学社会科学人才需要承担更大的社会责任。当前，基于不断涌现出的新的社会问题，哲学社会科学人才面临更好的发展机遇。研究哲学社会科学人才成长规律是创造新理论、指明新方向、完善哲学社会科学人才培养体系的关键环节。人才规律的探索有利于总结发现人才成长中各方面因素，把握人才成长所需的环境，形成人才成长的理论基础，对新时代发展哲学社会科学人才事业提供帮助，指引新时代哲学社会科学人才队伍的建设。

（二）新时代哲学社会科学人才成长规律是历史发展的总结

中国文化的历史源远流长，其中离不开优秀的哲学社会科学人才的贡献和付出，从先秦子学到宋明理学，我国经过了多个学术思想的繁荣时期。在漫长的时间长河中，中华民族产生了儒家、道家、法家、墨家等多种学派，甚至在某些特定时期出现了百花齐放百家争鸣的文化繁荣景象，涌现了老子、墨子、孔子等一大批思想家，留下了丰富多彩的文化遗产。这些文化遗产中包含大量

① 中共中央关于党的百年奋斗重大成就和历史经验的决议［N］. 人民日报，2021-11-17（1）.

的哲学与社会科学内容和治国理政的智慧，为古代生活的人民提供了认识世界、改造世界的工具，也为人类文明作出了巨大贡献。白春礼表示，人才规律是一定社会历史条件下人才成长所表现出来的一般特征，这些特征是在人才自身素质与环境条件的相互作用中表现出来的。[①] 新时代中国哲学社会科学学科的建设离不开哲学社会科学人才，哲学社会科学人才的培养离不开对人才成长规律的总结。研究哲学社会科学人才成长规律，有利于对我国不同历史文化时期哲学社会科学人才成长过程、成长经历、学术成果的总结，进而培养出更多符合社会主义现代化建设的哲学社会科学人才，加快建设社会主义文化强国，增强我国的文化软实力，使哲学社会科学更好地发挥作用。研究人才成长规律能够不断完善和丰富人才理论，把握哲学社会科学发展的内在规律。只有正确总结新时代哲学社会科学人才的成长规律，才能及时提出新的方法和措施增强其培养体系的构建，并在历史发展的规律上找出新方法、新理念，加快构建中国特色的哲学社会科学人才培养体系。

（三）新时代哲学社会科学人才成长规律研究是实践探索的结晶

新时代要坚定不移贯彻新发展理念，推动哲学社会科学人才高质量发展，人才的培养要聆听新时代的声音，回应新时代的呼唤，真正地把握人才成长规律，推动人才成长规律的理论创新。在我国建设和发展的历史长河中，涌现了大批优秀哲学社会科学名师大家，如李大钊等进步学者，他们积极传播马克思主义，主张运用马克思主义改造中国社会，为我国当代哲学社会科学发展进行了开拓性努力。研究这些人才的成长规律，可通过相关名师大家的文集传记进行研究。这些文学作品里面蕴含着他们哲学思想萌芽成长的过程，是人才成长规律实践探索的结晶。人才的成长规律研究是一个系统工程，哲学社会科学人才的成长事关党和国家事业发展的全局。这类人才是推动我国理论创新，进而推动科技创新、制度创新、文化创新的重要力量。研究哲学社会科学人才的成长规律，凝练出理论结晶，归纳出人才工程对人才成长的影响，有利于新生代的人才培养打破传统思维，创新哲学社会科学人才培养机制，提高人才培养工作效率，对新时代构建适应哲学社会科学人才成长的体系框架具有现实指导意义。

---

① 白春礼．杰出科技人才的成长历程：中国科学院科技人才成长规律研究［M］．北京：科学出版社，2007：45.

二、新时代哲学社会科学人才成长规律的理论分析

哲学社会科学人才的成长，不仅是个人价值与社会价值契合的过程，而且是量变到质变的过程，均有一定的内在规律性。新时代哲学社会科学人才成长和发展是一个复杂而又漫长的过程，受家庭、社会、教育、机遇、平台等多种因素的影响和制约。

（一）新时代哲学社会科学人才的内涵

国家发展靠人才，民族振兴靠人才。一个国家的发展水平，既取决于自然科学发展水平，也取决于哲学社会科学发展水平。习近平总书记指出：哲学社会科学是人们认识世界、改造世界的重要工具，是推动历史发展和社会进步的重要力量，其发展水平反映了一个民族的思维能力、精神品格、文明素质，体现了一个国家的综合国力和国际竞争力。① 可以看出，加强哲学社会科学人才的培养，不仅是自身建设社会主义的需要，而且是参与国际合作和国际竞争的需要。

广义的哲学社会科学人才，不仅包括哲学学科人才，而且包括其他诸多相关学科，比如经济学、心理学、教育学、管理学、法学、历史学、艺术学、社会学、人类学、语言文学、政治学、宗教学、逻辑学、伦理学等学科人才，亦属哲学社会科学人才范畴。这类人才主要集中在高校、科研院所、党校、行政学院等机构中。

（二）新时代哲学社会科学人才成长规律的内容

规律是存在于事物、现象与过程中的本质的、必然的联系，不以人的主观意志为转移，具有普遍性与客观性。人才成长规律是人才在成长过程中的一定条件下可重复的因果性的必然关系，或者概率性重复的具有统计性质的关系，既包括因果性规律，又包括统计性规律。② 王通讯将人才成才的概率概括为才能萌发的递减率、创造性突破的周期率和师承成才的折半率。③ 钟祖荣从人才成长和出现进行分析，提出了内外因素共同作用成长规律、勤奋科学的实践成

---

① 习近平. 在哲学社会科学工作座谈会上的讲话［N］. 人民日报，2016-05-19（2）.

② 叶忠海. 人才成长规律和科学用人方略［J］. 中国人才，2007（5）：31-32.

③ 王通讯. 关于人才成长规律的几个问题［N］. 中国人事报，2004-03-09（11）.

长规律和人才成长的年龄规律。[①] 张意忠发现人才存在人才特征规律、师承效应、同伴互助规律和人才成长阶段性规律。[②] 结合以往学者的研究和社会科学人才的素质特征，笔者发现新时代哲学社会科学人才成长既遵循人才成长的一般性规律，又有其独特的成长特点。

1. 人才竞争规律

人才的竞争规律是指人才首先是一种社会现象，作为社会的一分子，人才通过与别人的比较和竞争取得进步和发展。[③] 在哲学社会科学人才的成长过程中，也会存在这种比较和竞争。这种比较和竞争激励着人才的成长和成才，对哲学社会科学人才的发展有着非常大的正向积极作用。在哲学社会科学人才成长初期，也就是学生阶段，和其他优秀人才的竞争可以促进其学习思考；在人才工作阶段的良性竞争，可以促进哲学社会科学领域的科学研究，激发人才的理论创新活力。

从人口经济学的角度来看，人才的供给是大于社会对于人才的需求，人才为了取得更好的发展条件必然会产生激烈的竞争。[④] 哲学社会科学的基础性人才基数非常大，但是能够获得优秀的资源、参与重要理论研究、取得具有创新性研究成果的人才毕竟是少数的高层次哲学社会科学人才。激烈的竞争刺激人才不断地进步和创新，成为人才成长的重要条件。因此，哲学社会科学人才的竞争，可以提高人才工作的积极性与主动性，为人才营造一个良好竞争的成长环境，这样更有利于哲学社会科学人才的成长成才。

2. 积累效应规律

由于哲学社会科学具有出成果慢、培养周期长等特征，哲学社会科学人才实现创造性突破之前需要积累时间都相较更长，因此许多哲学社会科学人才都是经历了很长时间的知识积累、沉淀才取得了自己的研究成果，而要成为哲学社会科学的大师，需要更多的时间积累。这也提示哲学社会科学人才，在学习和科研的成长路上不能操之过急，要静下心来一步一个脚印，踏踏实实地积累知识，厚积薄发。因此对于哲学社会科学人才的评价，尤其是从事基础研究的人才评价，要从长远的角度考虑，设置更为科学的人才评价体系，给予人才更多的信任和支持。

---

① 吴婷婷．青年党政领导人才成长路径研究［D］．合肥：安徽大学，2014.

② 张意忠．师承效应：高校学科带头人的成长规律［J］．高教发展与评估，2014，30（5）：48－54，116.

③ 王通讯．人才成长的八大规律［J］．决策与信息，2006（5）：53－54.

④ 黄爱华．中国共产党执政兴国的重要方略：党管人才问题研究［D］．长沙：湖南师范大学，2008.

此外，不同的人才由于天赋素质、兴趣爱好、擅长领域不同，因此其更容易在自己擅长的领域取得发展和成果。人才学研究认为，人才的优势积累到一定程度，必然造就人才，人才的成长与优势累积的效率和程度呈正相关。[①] 哲学社会科学人才的培养也有这种积累效应规律，中青年哲学社会科学人才的培养，是哲学社会科学人才发展的后备力量，中青年的人才学者基数大才能培养出更多高层次的哲学社会科学人才的领军学者。哲学社会科学人才积累的知识成果足够多，才能破茧成蝶，成长为哲学社会科学的大师。

3. 马太效应规律

哲学社会科学人才在成长期间存在“强者愈强、弱者愈弱”的现象，人才培养初期只存在很小的差距，随着时间的推移，反复迭代、放大，造成了人才之间的鸿沟。马太效应的核心是荣誉背景增强作用，一方面容易造成没有荣誉背景、未成名人才的创造性科研成果得不到应有的荣誉和奖励，另一方面容易造成科研资源的分配与贡献比例偏离，对人才的成长起着“先抑后扬”的作用。[②]

如何利用这种规律，使社会支持力发挥出促进哲学社会科学人才成长的有利效果，值得研究。优秀的中青年哲学社会科学人才要得到社会的承认有一个较长的过程，要减少先抑作用就应力争缩短成才年龄与成名年龄的距离，及早发现人才。发挥哲学社会科学界资深专家或伯乐的作用，对青年人才作出的突出成绩及时肯定和宣传，通过竞争的方式组建动态人才梯队，及时将取得创造性成果的哲学社会科学人才列入人才梯队，并不断剔除长期不出成果的人才，使得整个哲学社会科学人才队伍处于一种动态的平衡。

4. 师承效应规律

由于哲学社会科学的学术研究是世世代代积累起来的，具有传承性，因此学术人才的成长离不开师承。可以说，师承成才是哲学社会科学人才成长的一条必不可少的路线。从哲学社会科学大师的人物传记可以看出，相当一部分哲学社会科学的成名大家，在成长的道路上，都离不开高水平老师的指导。特别是名师的指导对于哲学社会科学人才的成长至关重要，大师的学术造诣、学术涵养、学术经验等对于人才的成长非常重要，青年学者通过大师的指导，可以辨明方向，提高人才的成长效率。

---

① 李绚．创新型地质人才成才规律及培养模式研究［D］．北京：中国地质大学，2006.

② 封泉明，林世芳．人才供给侧改革的“马太效应”［J］．科技管理研究，2017（15）：35－39.

美国对历届诺贝尔奖获得者进行统计分析，发现跟高水平的老师学习过的获奖者比跟一般老师学习过的获奖者的获奖时间提前7年，而且50%以上的获奖者都曾师承名师。[①] 高水平的老师一般是当前学科的领军人物，从事前沿性的科学研究，掌握最新的学术动态，经验丰富。一方面，人才在名师的引领下，能够快速洞悉学术前沿，继承名师的学术传统与风格，在研究上可以取得事半功倍的效果。名师的学术风格和学术精神也会对人才成长产生潜移默化的影响，他们对学术研究具有天然的好奇心，他们崇尚科学追求真理的科研精神是师承效应的关键所在。在师承过程中，老师不仅进行学术创新活动，而且通过传递学术精神、学术思想，能够让学生在耳濡目染中塑造出一丝不苟、精益求精的学术品格。另一方面，高层次的大师在培育人才时，更多的是强调学术自由和民主，给学生营造一种宽松自由的学术环境，人才在这种自由民主的学习氛围中进行科学研究，取得学术成果的概率也会更大一些。因此，在哲学社会科学人才培养的过程中，要为人才的成长提供向领军人才学习的机会，鼓励哲学社会科学人才的学术交流，比如出国学习交流、定期召开论坛等。

三、新时代促进哲学社会科学人才成长的路径

（一）完善哲学社会科学人才成长绩效的评价体系

新时代哲学社会科学人才成长规律的有效发挥离不开完善的绩效评价体系。人才是我国哲学社会科学事业建设的核心，完善人才绩效评价考核体系，对于充分调动哲学社会科学科研人员的积极性和创新性，以及深化人才评价改革具有十分重要的现实意义。因此，完善哲学社会科学人才成长绩效评价体系必须结合人才发展规律与学科建设的实际情况，积极适应哲学社会科学发展要求，结合哲学社会科学人才特点，兼顾人才成长中自身价值的实现，最终达到人才发展与学科建设和谐共赢的目的。

高校是哲学社会科学人才的聚集地，完善哲学社会科学人才成长绩效评价体系，首先要与当前的高校教育改革相适应，完善绩效评价与岗位聘任制的结合，根据高层次人才签订的聘任合同，对年度工作目标和中长期目标进行细化、量化。其次要由高校成立专门的机构来实施绩效考核评价，组建专门的人

---

① 聂宗志. 谈谈人才成长的现代规律［J］. 西安社会科学（哲学社会科学版），2008（2）：93－94.

才成长绩效评价专家委员会，绩效评价专家委员会应由校内外的哲学家、社会科学专家和学校管理部门负责人组成，评价考核委员会总人数为5—8人为宜，确保评审专家人员来源的科学性、广泛性。最后要确保人才成长绩效评价流程的规范性。评价流程的规范是绩效评价能够正确实施的前提。在哲学社会科学人才成长的绩效评价实施过程中，专家委员会成员必须遵守相关考核评价规定，严格按照考核评价流程完成绩效评价，在考核过程中可以采用定量与定性考核方法相结合，科学客观地对哲学社会科学人才成长作出全面且综合的评价，引导受评对象对自己的成长有正确的认识，明确下一步努力的方向，促进哲学社会科学人才的发展。完善这种评价体系，不仅对哲学社会科学人才自身的发展具有促进作用，而且对整个学科建设具有重要推动作用。

（二）强化哲学社会科学人才成长高效的激励机制

优秀的人才是哲学社会科学学科高质量发展的有力保障。把握时代新需求、回应时代新问题是哲学社会科学的立身之本与兴盛之基。当前，世界正经历百年未有之大变局，我国正处于民族复兴的关键时期，社会思潮纷纭激荡，这对哲学社会科学发展提出了新要求，哲学社会科学作为综合国力特别是文化软实力重要组成部分的地位和作用也更加突出。[①] 只有不断壮大哲学社会科学人才队伍，哲学社会科学才能获得源源不断的活力与动能。强化哲学社会科学人才成长激励机制是发挥人才积极性的重要一环。哲学社会科学人才作为知识型人才中的一部分，具有知识型人才的典型特征，其中核心就是创新能力，并且兼具知识性、创造性、灵活性，具有较强的“自我理性”和高度“社会理性”。[②] 此外，哲学社会科学同自然科学的学科范式不同，其人才激励机制也是不同的。

针对哲学社会科学人才，高效的激励机制认识理念应该体现出人文精神和人本理念。充分认识和结合哲学社会科学人才的成长规律，关注哲学社会科学人才成长需求，引领这部分人才追求更高的自我实现。一是加强对哲学社会科学人才的价值引领，引导其树立正确的社会主义核心价值观，着力改变功利取向、个人利益为先、唯论文的价值标准，面对不同类型的人才，既要一视同仁又要因材施用，以达到学科发展与个人发展互相成就的状态。二是要为人才松

---

① 任少波. 高校哲学社会科学的时代担当［J］. 国家教育行政学院学报，2021（7）：3－8.

② 魏海勇，李祖超. 知识型人才激励模型的建立与应用：基于成就需要理论的视角［J］. 科技进步与对策，2008（6）：169－171.

绑解压，避免对制度刚性的过分依赖，探索弹性制度、运用柔性管理，引导哲学社会科学人才自由研究、开放交流，自觉地关注党和国家事业发展需要、学术前沿问题，形成创新观点。三是要从多维度发掘人才贡献力和贡献度，以质量为导向，侧重研究实效和人才实绩，引导学术创新，树立人才成长模范标杆，及时对哲学社会科学中有潜力、有效益的人才进行资助鼓励。激励机制要倡导营造潜心学术、积极向上的学术氛围，引导培养自主自律、求真创新、敢于担当的学者风范。

（三）健全哲学社会科学人才成长制度的动力机制

高校和科研院所是哲学社会科学创新的策源地，但是一些过时的制度和办法已经不适合新时代哲学社会科学的发展需要，尽管在“放管服”改革背景下，教育部也在积极为高校松绑减负、简除烦苛，落实高校人才培养自主权。各个高校和科研院所也应该着力破除人才成长的体制机制障碍，为人才成长松绑减负，让各方面的人才创新创造活力得以迸发，发挥哲学社会科学人才的优势。

要建立健全相关管理制度，规范绩效评价流程是确保评价体系顺利运转的基本保证。首先，高校要根据制度化、规范化、专业化的要求，根据哲学社会科学人才的成长规律，制定科研人才的成长制度，明确人才的工作职责和绩效目标，建立完善科学规范的评价体系，为人才的成长提供动力支持。其次，在现有人才成长激励制度的基础上，建立一个体系完整、层次分明、管理规范的智库人才培养、管理、保障制度。如设立市级哲学社会科学资深教授评选制度，推广智库里面的哲学社会科学人才到政府部门人才的交叉挂职、兼职制度等。

（四）优化哲学社会科学人才成长政策的保障机制

哲学社会科学人才成长需要有竞争力的特色政策支持，要依靠政策优势建立哲学社会科学人才评价、激励、成长、保障等体制机制，保障哲学社会科学人才的成长。理论的最高价值是指导实践。一名优秀的哲学社会科学人才的培养。一方面要靠人才自身的努力，另一方面离不开合适的政策保驾护航，为哲学社会科学人才的发展创造机会。人才非常重要，需要组织的培养，组织要敢于打破常规、敢于破格选拔和使用优秀的哲学社会科学人才，真正做到用其所长、利用政策优势充分调动人才发展的积极性。还要补齐人才发展短板，利用政策引导、敦促哲学社会科学人才到一线锻炼，使人才可以在摸爬滚打中快速成长起来，优化政策平台给予人才更多成长的机会。

哲学社会科学人才的发展需要一个能够让他们潜心学术研究、敢于创新的科研环境。为人才发展提供一个良好的政策保障，是哲学社会科学人才成长的基础。一是可以在现有的人才工程基础上，制定实施专门的哲学社会科学人才成长工程，高校可以确定好哲学社会科学的优势学科和重点发展方向，引进人才、培养人才、聚集人才，引进一些活跃在国际哲学社会科学学术前沿和满足国家重大战略需求的一流学科领军人才，为人才成长形成良好的科研氛围，助力哲学社会科学新生代人才培养。二是可以制定实施哲学社会科学人才团队计划，围绕优势的学科或者研究基地，以带头人为核心，形成一批研究实力强的科研团队、创新团队。三是加快建设具有中国特色的世界一流哲学社会科学学科，遵循人才发展规律，培育跨学科、跨领域的创新团队，增强哲学社会科学人才成长的可持续发展能力，实行更加开放的人才引进政策，对国家急需紧缺的哲学社会科学特殊人才，实行特殊通道引进政策。完善重大人才工程项目配套政策，加大经费支持力度，解决好人才的任职与就业保障问题。不断优化人才成长的政策保障机制。

四、结　语

哲学社会科学人才是新时代我国人才队伍建设的重要一员，哲学社会科学领域的工作者承载着我国哲学社会科学繁荣发展和人才培养的双重使命，担负着弘扬传承民族精神和进行理论探索的双重责任。研究哲学社会科学人才成长的理论规律，是对人才成长理论的补充与发展，是对哲学社会科学人才成长中存在问题的反思，更对未来哲学社会科学人才的培养和队伍建设具有一定借鉴意义。培养优秀的哲学社会科学人才需要充分认识人才成长规律，完善各类评价体系，健全各类体制机制，保障人才发展。

（邓明锋，西南大学硕士研究生；王斌，西南大学教授、博士生导师）

企业技能人才群体成长规律探讨

吕利平

摘　要：企业技术工人队伍是支撑中国制造、中国创造的重要力量。探讨一线技术工人如何成长为高技能人才、能工巧匠、大国工匠，对于国家实施制造强国、科技强国、创新驱动等战略具有重大意义。笔者初步归纳了事业锻造、尊重激励、平台搭建、培训开发、大师引领、人和（指和谐的团队）凝聚等技能人才群体成长的基本规律。

关键词：企业；技能人才；群体；成长规律

现代社会技能人才主要以群体方式存在，并分布在生产制造型企业和服务型企业。技能人才群体与技能人才个体具有不同的成长规律，优秀技能人才群体的形成是一个比优秀技能人才个体培养更高层次、更深层次的问题。技能人才研究有国家层面、城市层面、企业层面、个体层面，笔者研究的技能人才群体属于企业技能人才群体。通常企业中的人群可以分为三种：一是技能人才群体，二是技术人才群体，三是经营管理人员群体。三支人才队伍协调平衡，共同完成企业的生产经营任务。技术工人队伍是支撑中国制造、中国创造的重要力量，明确企业技术工人队伍建设的方向和重点的前提是要明晰企业技能人才群体的成长规律。这里主要探讨技能人才群体的成长规律，接近于一些学者探讨的“技能形成体系”。经深入研究当代企业技术工人群体成才规律，初步归纳出事业锻造、尊重激励、平台搭建、培训开发、大师引领、人和凝聚等成长的基本规律。

一、事业锻造群体成才规律

随着社会分工的进一步发展，我国企业类型逐步细分成研发型企业、设计型企业、生产型企业、营销型企业、服务型企业等，技能人才主要分布在生产型企业与服务型企业中，其他类型企业中的技能人才占比较少，下面主要以生产型企业论述。

（一）成就事业树群体成才目标动力

无论是生产实践还是科研实践，实践出人才都是社会各领域人才成长的基本规律。事业是指人们所从事的，具有一定目标、规模和系统的对社会发展有影响的经常性活动。建设中国特色社会主义的伟大事业，需要数以亿计的高素质劳动者，数以千万计的专门人才和一大批拔尖创新人才，需要规模宏大、结构合理、素质优良的技能人才队伍。而我国现在的技能人才的总量、结构、素质还不能适应中国式现代化建设的需要，智能化、信息化、全球化所需要的高层次高素质复合型人才仍很短缺。

事业对一个群体的成长至关重要，是因为真正有作为的群体都是最富有创造欲望的群体。蓬勃发展的事业既是吸引人才的平台也是锻炼人才的熔炉，没有兴旺发达的事业，就不能吸引和留住人才，更不能锻炼和培养人才。做好新形势下的人才工作，应牢固树立以事业成就人的工作思路，搭建高起点的事业平台，以优秀的机制环境吸引和激励人才，使其才尽其用、各得其所，推进事业的可持续发展。

在从制造大国向制造强国迈进的过程中，提出问题和思路需要科学家，画出蓝图与图纸需要工程师，让蓝图变为现实需要技能人才。例如，经过多年的发展，我国航天事业经过发展导弹、运载火箭、人造卫星、载人航天等几个阶段，在卫星方面已经拥有多个卫星系列；在运载火箭方面，我国共有 10 多种不同型号的长征运载火箭，具备了近地轨道、同步转移轨道的运载能力。航天运载火箭有上万个零部件，不仅需要模型设计好、图纸规划好，而且需要把每一个零部件构造好。如果出现发射失利还要不计其数地维修加工。如果火箭发射失利，为了找到发射失利的原因，航天人需要梳理多个环节，进行多次的科学计算、逻辑推理和地面试验等，每一次实验都需要技术工人对零部件进行加工，不计其数地操作机床、挥动焊枪。高凤林等航天系统的大国工匠就是在这样的航天事业中练就了一手的绝活。

（二）科技攻关提升群体创造能力

由于攻关课题经常是大量新技术、新方法集中使用的场所，同时也需要多工种、多专业人才的协同作战才能完成，因此其是培养人才群体最直接、最有效、最现实的方法。攻关项目组长的带头作用，对攻关群体起到了熏陶感染的作用。多工种、多专业人才的集中劳动形成了一个攻关人才群体，在这个群体中既有协作，又有竞争；既要发挥个体优势，又要体现整体能力。同时，攻关项目一般具有时间紧、任务重的特点，既要求攻关人员尽快掌握新知识、新理论，又要发挥拼搏奉献精神，抢时间、抢速度、加班加点地尽快高质量完成任务。同时，攻关成果的应用又满足了攻关人员的成就感，使个体才能与整体优势都能得到淋漓尽致地发挥，对促成人才群体的形成具有重要的作用。

例如，某地积极培养造就高技能人才群体，注重以科研培养人才，以课题造就人才，一个课题就是一所学校。以事业激励人，以事业成就人。做人才工作，就应正确处理以事业成就人和以人成就事业的关系，使人才成长与事业发展良性互动、相辅相成，实现事业发展与人才发展二者的辩证统一。

二、尊重激励群体成才规律

坚持四个尊重是中国特色的激励理论。① 中国特色社会主义进入新时代，党和国家愈加重视人民利益，中国共产党提出了以人民为中心的发展思想，把人民对美好生活的向往作为自己的奋斗目标。高技能人才的成长源于自我价值的实现，如果没有对技能人才的尊重激励，就不能塑造优秀的高技能人才群体。

（一）尊重是人的最强烈需求之一

尊重是人才激励机制的核心。尊重是对某一种客观对象的价值作肯定评价的态度和行为。

在生产力要素中，最重要、最活跃的是掌握生产工具和生产技能的劳动者，在社会生产中，劳动者的地位和作用是第一位的。如何解放和保护生产力中人的要素，充分尊重劳动者的地位，全面提高他们的素质，充分激发他们的积极性和创造性，切实依靠劳动者并最大限度地发挥他们的作用，是社会主义企业在改革和发展中对管理者的一个重要挑战。

在一个现代企业里，广大职工群众工作的能力发挥多少、能量释放大小，

① 梁雨楷，袁兆亿. 人才资源管理学［M］. 广州：中山大学出版社，2006：159.

企业劳动生产率和管理水平提高到什么程度，都与企业管理者、技术人员和普通工人三者之间的关系处理程度有着直接的关系。例如，中国第一汽车集团有限公司认为核心人才群体不仅包括企业的高级管理者或领导者，而且包括为企业作出突出贡献的操作人员。这种新型的劳动关系，也极大地推动了工人、农民工、技术人员等普通劳动者在平凡岗位上表现出的不平凡才干，发挥出新时代工人阶级的主人翁精神和主力军作用。再如，有企业对干部的要求是“每个干部都必须成为一面旗帜”，在任何岗位上都必须叫响这样一个口号——“向我看齐”，尊重劳动、尊重知识，尊重人才，尊重创造，使企业管理者与劳动者之间建立一种新型的协作关系，是提高企业管理水平和劳动生产率的重要手段。健全企业民主管理制度，发扬工人群体在企业改革和发展中的主人翁精神，形成一种民主参与管理和决策的氛围。工人群体根据日常工作中的观察、思考和积累的经验，积极提出各种合理化建议，为企业的发展献计献策。企业把普通劳动者的地位和作用放在企业改革和发展第一位，充分调动和发挥工人群体的积极性和创造性，是解放和发展生产力的首要标志。“劳动光荣、技能宝贵、创造伟大”的理念贯穿该企业生产和生活的各个环节，强化工人群体尤其是各个岗位上的普通职工的主人翁地位，从而全面地激发他们服务企业、创新工作的积极性和创造性。以上举例反映出一个深刻道理，在社会主义企业里，劳动者的作用是第一位的，他们是推动企业改革和发展的主体。

（二）尊重激励产生群体成才持久动力

技能人才从事的是财富创造劳动，做出的是对社会有较大贡献的劳动成果，追求的主要是对其人生价值的认同。因此，对技能、劳动和成果作出客观公正的评价，得到国家社会和同行的认同和尊重，这对于技能人才来说，是比任何物质报酬所起的激励作用要大得多。

企业应强化全心全意地依靠技能人才的思想，提升技能人才素质，激发产业技术工人的创造精神。例如中国中车集团有限公司始终把包括技能人才在内的所有人才看作第一资源乃至唯一资源的认识高度，识才、爱才、敬才、用才，尤其重视引揽、选拔、开发、激励创新型科技人才、技能人才，营建广聚天下英才、促进人才脱颖而出的良好发展环境。正因为秉持始终坚持全心全意依靠工人阶级的理念，该公司的工匠们创造了“万根接线无差错”“千米焊缝无缺陷”“环口焊接七步法”等奇迹与新方法，他们始终专注品格、品质、品牌，以“至拙”的干劲，打造“至巧”的产品，有力支撑了企业建设。这样做的结果，就是提升了普通职工的社会地位和经济收益。

美国哈佛大学心理学家威廉·詹姆斯（William James）研究发现，一个没有受到激励的人，其发挥能力有限，而当其受到激励时，能发挥更多能力。积极制定符合市场竞争要求的技能人才职业发展激励机制，通过良好的机制来引领技能人才的能力提升之路，也可以为企业培养和储备技能人才铺路子、定调子。建立良好的机制要充分发挥企业现有组织结构的优势，积极构建部门领导班子、车间、班组、员工四位一体的技能人才培育平台。

企业可以实行技能薪资分层分级，待遇与技能水平挂钩，开展技术工人考工晋级，积极推行新“八级工”制度，开展对学徒工、初级工、中级工、高级工、技师、高级技师、特级技师、首席技师的培训考评，坚持组织在技术岗位工作的工人参加每年一度的技术工人资格考核，考试合格并取得证书者，按规定享受技能津贴和考工补贴。2021 年 7 月，浙江绍兴柯桥水务集团排水有限公司老焊工丁卫松，成为浙江省工程技术领域高技能人才与工程技术人才职业发展贯通以来，首位获评正高级职称的技术工人。高技能人才与专业技术人才职业发展通道就能在最大范围内打通，为地方产业发展带来更多复合型人才。对企业专业技术拔尖人才可实行津贴制度，推行高技能岗位津贴，在技术含量较高的岗位中，实行岗位首席制度，每年评选一次，每月给予一定津贴。浙江宁波舟山港码头的吊车司机竺士杰跻身行业“翘楚”，其凭借一手绝活，被企业聘任为首席技师，享受技能津贴，当选为浙江省总工会副主席，并被评为浙江省首批高级工程师。中国（上海）自由贸易试验区临港新片区有多位技能人才入选“临港工匠”，其中部分人才落户临港，包括做芯片设计的研发经理、车企的冲压设备班长，以及海洋工程的起重吊运班组长。

三、平台搭建群体成才规律

（一）搭建职业通道是群体成才的关键

技术变革正在推动企业生产组织和工作方式的变化，工人和工程师之间、蓝领和白领之间已不是泾渭分明，而是“你中有我，我中有你”的融合发展。例如，在智能制造工厂，产线运维需要工人能够理解工程师的技术要求，而工艺管理则要求工程师能够掌握生产过程的技能要求。只有新一代技术、技能融合人才，才能更好地满足现代企业生产的要求。当下新技术的广泛应用催生了大批新职业，这些新职业普遍表现出技术、技能融合发展的特点，很难分清工人和工程师的岗位。例如，在2020年我国人力资源和社会保障部公布的新职业中，区块链应用操作员的职业定义中就包含了设计研发、操作运维等贯通融合的特质。

（二）搭建竞赛平台加速人才群体成长

国家正在逐步构建完善的职业技能竞赛体系，完善的职业技能竞赛体系既为广大技能人才提供了展示精湛技能、相互切磋技艺的平台，也对壮大技术工人队伍、推动经济社会发展具有积极作用，更有利于激发全社会劳动者特别是青年一代走技能成才、技能报国之路，培养更多高技能人才和大国工匠，为全面建设社会主义现代化国家提供有力人才保障。深圳环境水务集团、深圳地铁等单位鼓励职工积极参加深圳市的技术工人比赛，制定各种优惠政策向一线工人倾斜，为他们展现自己的才能搭建平台。

技能竞赛与技能薪资相关联的制度对员工积极参与技能大赛可以起到很好的激励作用，客观地促使其不断在比赛中发现问题、解决问题、提升自身技能水平。通过技能薪资制度的导向，既可使班组内形成“比、学、赶、帮、超”的优良企业文化氛围，形成独特的企业核心竞争力，又可使员工在不断竞赛中磨炼能力和心境，获得更好的发展空间，保证了一大批高素质技能型人才为企业所用，稳定了人心。

竞赛只是一种评价方式，从根本上应完善科学化、社会化、多元化的技能人才评价机制。健全技能评价体系，企业可以根据需要实行分类评价，用人单位和社会培训评价组织根据不同类型技能人才的工作特点，实行差别化技能评价。通过创新评价方式，用人单位和社会培训评价组织可结合实际，综合运用多种鉴定考评方式来考评，从而形成由国家职业技能标准、行业企业评价规范、专项职业能力考核规范等构成的多层次、相互衔接的职业技能评价体系。

四、培训开发群体成才规律

智能化、信息化、全球化时代，终身学习已成为高技能人才职业发展与人生价值实现的必由之路。培训开发是人才梯队建设的重要保障，体系健全、内容完整、层次分明的培训开发体系有助于造就优秀的梯队人才。

（一）"需培一致"提升群体成才率

一般说来，一个人受教育机会越多，他的才智就开发得越好，其成长的速度也就越快。一个群体也是如此。高技能人才应有一定的知识和理论基础，掌握熟练的操作技能，具有解决实际问题的能力、综合运用能力和创新能力的高级人才。高技能人才一般都富有进取精神，对待工作认真负责，对于技能提升有着孜孜不倦的主动性和持续性。南开大学教授王星认为：智能制造时代的工匠需要长时间的实践磨炼才能养成。[①] 入职培训、岗位技能提升培训、转岗培训等都应遵循培训与岗位需求相一致的原则，干什么就学什么。例如，三一集团有限公司建立了"235"的培训模式：即20%的时间是培训，30%的时间为导师辅导，50%的时间是项目实践、挂职锻炼。企业可以根据任职资格标准的知识点和技能点，形成以员工职业化为目标、以任职资格为基础的分类分层的培训开发体系。上海漕河泾开发区人才发展培训中心通过漕河泾大讲堂、微课堂、短期培训班、企业定制化培训等多样化课程形式为该开发区内的企业提供专业化培训服务，培养了大批行业技能型人才。

（二）"学做一体"加快群体成才速度

一个用新思想、新观念、新知识、新技术武装起来的群体，其工作能力和工作绩效往往是其他群体所无法比拟的。搭建实训平台，提升专业技能人才实操水平。富有针对性的实操训练是将"知"和"行"牢牢结合的重要桥梁。以"学中干、干中学"为基本形式，争取达到"干什么、练什么，缺什么、补什么"。

学习与实践、培养与使用，是人才资源开发紧密联系互相促进的两个方面。与实践相对应的学习主要是知识和理论的接受、探索和积累，而实践是依据一定理论指导实现某种理念或计划的行动。前者着眼于认识世界，后者着眼于改造世界。相对于在岗在职人员来说，前者着眼于培养，后者着眼于使用。因此，学习与实践、培养与使用是意义等同的。人才素质是在认识世界和改造世界的活动中不断成长、发展和成熟的。在科学昌明、文化发达的现代社会，任何人才都必须重视知识和理论的接受和积累。实践是培养造就和锻炼人才的最好学校和根本途径。大国工匠们都是自觉投身于火热的生产实践中，在实践

① 郑莉，郝赫，方大丰．成为"大国工匠"：来自首届大国工匠讨论的报道［N］．工人日报，2022－09－03（3）．

中贡献才华并提升素质，而成长为高素质技能人才的。

中国式新型学徒制旨在引导企业建立技能人才培训工作新机制，通过在企业推行以“招工即招生、入企即入校、企校双师联合培养”为主要内容的新型学徒制，组织企业新招用人员和新转岗人员参加新型学徒培训，建立长期、稳固的企校合作模式，探索企业职工培训新方式，完善培训政策措施和培训服务体系，加快企业青年技能人才的培养。培养模式采取“企校双制、工学一体”的方式，即由企业与技工院校、职业培训机构、企业培训中心等教育培训机构，采取企校双师带徒、工学交替培养、脱产或半脱产培训等方式共同培养新型学徒。

五、大师引领群体成才规律

要推进中国现代化发展，就要深入推进产业工人队伍建设改革，发挥大国工匠和工匠人才骨干带头作用，团结带领广大职工为全面建设社会主义现代化国家、实现第二个百年奋斗目标建功立业。

（一）大师引领提升群体成才率

习近平总书记指出：工业强国都是技师技工的大国，我们要有很强的技术工人队伍。例如许振超带领的全队司机勤学苦练半年时间纷纷出师，由许振超编写的桥吊操作手册也填补了国内空白，成为一些大专院校的教材。在这个团队里培养出了像全国优秀青年技师以及技术标兵等一大批岗位技能高手。湖南华菱湘潭钢铁有限公司技能人才群体的成长离不开艾爱国等工匠大师的引领作用。工匠大师对这一群体成长的作用体现在三个方面：一是指引作用。技能人才群体形成和发展的每个阶段都体现着技能大师的指引作用。二是凝聚作用。大师是群体团结的旗帜和核心。例如山东港口青岛港集团有限公司技能人才群体之所以日益发展壮大，在很大程度上得益于以许振超为代表的工匠大师所产生的强大凝聚力。三是激励作用。工匠大师的人格魅力会潜移默化地影响着他的行业群体，对群体里的员工或学生的成长起到一种激励作用。这一群体的成长就与许振超等的激励作用不无关系。

（二）大师激励扩大群体成才规模

企业技能人才群体生成规律，逻辑演化路径是，首先企业某一位技能人才个体因发明新产品、新材料、新工艺，或以匠心生产产品质量得到社会认可，一人获得突破就会以他为圆心向外辐射，直至在全企业得到推广。应该说技能人才群体现象是个体自发和群体自觉的合力结果。在国家技能人才政策激励下，个体效应可以演变成群体效应，群体效应也可以逐步演变为整体效应。先进和优秀是中国共产党人的特征和追求，也是整个社会发展进步的价值取向。通过树立先进典型，把先进典型个体效应聚变为群体效应，再通过培育先进典型，把先进典型群体效应裂变为整体效应。艾爱国传授技能的徒弟大部分成为大型企业的骨干，仅湖南华菱湘潭钢铁公司高级工以上的焊工，有一半以上都跟他学过技术。看到徒弟们精湛的技艺，艾爱国坚信行业发展会越来越好、党和国家的事业会更加繁荣昌盛。近年来，上海国际港务（集团）股份有限公司包起帆应邀先后作了500多场先进事迹报告、近300场有关创新成果和经验的技术交流会和推广会。经他辅导获得国家奖励的创新成果如滚雪球般越来越多："我把一线工人得奖视同自己得奖，一线工人的进步就是我的进步。"2022年5月，浙江海港工匠学校成立，宁波舟山港北仑第三集装箱码头有限公司桥吊班大班长竺士杰担任该校"工匠成长营"导师，"我想成为传递工匠精神的火炬手，发挥好劳模工匠作用、带出更多优秀技术工人。"①

六、人和凝聚群体成才规律

要让大国工匠和高技能人才的高超技艺惠及更多劳动者，在企业员工间信息无障碍流动中，可促进更多员工提高技术技能水平，关键是有一个和谐的团队、团结的团队、协作的团队。

（一）人和加快群体技能传播速率

人才群体的出现和形成有一定的社会历史条件：一方面它是企业发展的需要，时代发展的结果。通常在市场竞争激烈的时期，为了求得生存与发展，往往形成人才群体；另一方面它又是企业文化发展的产物，是一种文化现象，只有文化发展到一定程度才能孕育与之相应的人才群体。

群体的舆论对成员有很强的影响力和约束力。个体对群体从心理上、感情上产生认同感、从属感，群体也会发挥集体优势，从物质、情感、观念等方面

① 郑莉，郝赫，方大丰．成为"大国工匠"：来自首届大国工匠讨论的报道［N］．工人日报，2022-09-03（3）．

辐射和影响个体。因此，一个企业里“良好的学风、关爱的友情和健康的竞争”风气一旦形成，就会成为强大的整合和改造力量。

一花独放不是春，百花齐放春满园。整体大于部分之和，这是人才群体结构的重要功能。劳动者一个一个地发挥机械力地综合与多数劳动者同时在同一不可分的操作线上，共同劳动时发生的社会能力，在本质上是不同的。在这里，不仅协作提高了个人的生产力，并且创造了一种生产力，就其自身说，已经是一种集体力。这种集体力，正是优化人才结构所产生群体效能的产物和馈赠品。

（二）人和提升群体技能学习质量

迈克尔·波兰尼（Michael Polanyi）认为隐性人力资本对于技能型人才来说，占据核心竞争力的中心位置。[①] 于桂兰在其博士论文中提出技能型工人的隐性人力资本对于企业可持续竞争力具有重大贡献，主要表现为降低组织成员之间的信息分享与交流成本；增加非正式团队成员之间的默契和协作精神；通过知识专用性和非标准化提高工作效率。[②] 在合作学习过程中，学员之间经常要互相讲解，互相反馈，或者小组成员在一起讨论练习的方法，能够加深他们对动作的理解。在合作学习中，每一个人都要充当辅导者和被辅导者，需要向同伴讲解或交流动作要领，促使他们都能够更加认真地听教师讲解，认真地练习。凝聚力是一种自我动力，能客观地反映出群体成员为了一个共同目标自我努力、相互支持的程度。群体凝聚力的强弱可以直观反映出群体的和谐度和关系融洽度。一个群体的成长与这个群体内部的人际关系密切相关。和谐的人际关系是事业成功的保证也是群体成长的基础。见贤思齐是优秀人才群体内部人际关系的一个突出特点，也是人才群体成长的心理动因。

近年来，国家大力弘扬劳动光荣、技能宝贵、创造伟大的社会风尚，逐步构建国家重视技能、社会崇尚技能、人人尊重技能的技能型社会，涌现出一大批技能工匠大师，“十三五”期间，全国共表彰 90 名中华技能大奖获得者、近 900 名全国技术能手，选拔 1500 余名高技能人才享受国务院政府特殊津贴。[③] 据统计，全国总工会与中央广播电视总台已合作选评、树立宣传 87 名大国工

① 李铁斌．高技能人才开发与管理［M］．北京：人民日报出版社，2018：30.

② 于桂兰．私营企业工人劳动力价值实现问题研究［D］．长春：吉林大学，2007.

③ 韩秉志．“十三五”期间我国新增高技能人才逾千万［N］．经济日报，2020－12－19（6）.

匠，各省（区、市）选树宣传省级工匠 5288 名，地市级工匠超过 2.2 万名。[①]全国已经形成高技能人才标杆群体，必将发挥榜样作用，吸引大量技能劳动者，特别是青年劳动者走技能成才、技能报国之路！

（吕利平，深圳技师学院副教授，主要研究方向为技能人才、职业教育）

① 唐小晴. 中国首次为“工匠”举办全国性论坛［EB/OL］.（2022－09－02）［2022－09－10］. https：//www.chinanews.com.cn/gn/2022/09－02/9843219.shtml.

高技能人才成才规律及其启示

庄　文

摘　要：2022 年 10 月，中共中央办公厅、国务院办公厅印发《关于加强新时代高技能人才队伍建设的意见》，对加强新时代高技能人才队伍建设作出明确部署和要求。高技能人才为科技革命和产业变革提供了有力支撑。更多、更快地培养高技能人才，成为提升国家核心竞争力的战略举措。笔者主要阐述了高技能人才的群体特点，总结了四大规律，即高技能人才成才的内外因综合作用规律、创造实践的累积效应规律、技能获得的师承效应规律和实践训练的岗位成长规律，并阐明了其对技能人才培养的启示。

关键词：高技能人才；成才规律；启示

2022 年 10 月，中共中央办公厅、国务院办公厅印发《关于加强新时代高技能人才队伍建设的意见》，从加大高技能人才培养力度、完善技能导向的使用制度、建立技能人才职业技能等级制度和多元化评价机制、建立高技能人才表彰激励机制、保障措施等方面对加强新时代高技能人才队伍建设作出明确部署和要求，明确提出到“十四五”时期末，“技能人才占就业人员的比例达到 30% 以上，高技能人才占技能人才的比例达到 1/3，东部省份高技能人才占技能人才的比例达到 35%。力争到 2035 年，技能人才规模持续壮大、素质大幅提高，高技能人才数量、结构与基本实现社会主义现代化的要求相适应”的目标任务。

高技能人才能为科技革命和产业变革提供有力支撑，无论是突破“卡脖子”技术，还是从“制造大国”向“制造强国”的历史性跨越，都需要进一步夯实高技能人才这个重要基石。因此，我国应高度重视技能人才工作，研究高技能人才的成才规律，为高技能人才搭建成长阶梯。

一、高技能人才的群体特点

2021 年 4 月，全国职业教育大会提出了建设技能型社会的理念和战略。同年6月，人力资源和社会保障部印发的《“技能中国”实施方案》再次明确指出，技能人才是支撑中国制造、中国创造的重要基础。“技能型社会”和“技能中国”两个概念以国家会议和文件的形式确立下来。

技能人才是指掌握专门知识和技术，具备一定的操作技能，并在工作实践中能够运用自己的技术和能力进行实际操作的人员。高技能人才是技术人才中的中坚力量。对于什么是高技能人才，尚没有的统一说法，经过对文献资料的查阅，笔者认为，所谓高技能人才，就是“高精尖”的技能人才，是指在社会生产、经营、管理和服务一线，拥有过硬的专业知识、精湛的操作技能、超凡的创新能力、灵活的岗位应变能力和职业素养，能够在关键环节发挥作用，解决生产操作性难题，得到同行专家评价和确认，在某个领域或某个方面发挥引领和带头作用的高素质技能人才群体。高技能人才是各行业的优秀代表，可分为技术技能型、复合技能型、知识技能型三大类。

高技能人才不只是专业知识丰富，或者是技术水平过硬，而是一个综合能力和素质的考量。高技能人才具有区别于普通技术工人的独特特点，如过硬的专业知识、精湛的操作技能、较强的创新能力、灵活的应变能力和具有工匠精神的职业素养，具有不可替代性。

（一）过硬的专业知识

高技能人才之所以“高”，首先是因为他们有过硬的专业知识，为技术的创新发展积累后劲，在遇到技术难题时，能够探究技术难题的底层逻辑，发现问题、解决问题、突破难题。从制造大国向制造强国迈进，需要解决关键核心技术问题，基础理论是源头。知其然不知其所以然是很多“卡脖子”问题的根源。

（二）精湛的操作技能

高技能人才之所以“高”，表现在他们具备精湛的操作技能，无可替代。近几年，大量的学术研究人员通过研究智能制造与劳动力市场之间的关系发现：科技创新带来的智能制造正在逐步取代那些低复杂性和高重复性的工作，对于中等技术水平和低等技术水平的工作产生了挤出效应，但是对于高等技术水平的工作没有产生替代作用。闻道有先后，术业有专攻，精湛的操作技能是高技能人才的典型特点。因为具备精湛的操作技能，高技能人才在生产关键环节和解决生产操作难题中发挥中流砥柱作用。

（三）较强的创新能力

高技能人才之所以“高”，表现在他们具有较强的创新能力。创新意味着更新或者创造新的东西。较强的创新能力是用独特视角思考问题形成新思想、新理论、新方法和新发明的能力，它是有别于常规或常人思路的见解，能产生更大的经济和社会价值，形成独特优势。一个民族要想走在时代前列，创新思维和创新能力是关键，需要在关键核心技术上形成独特优势。

（四）灵活的应变能力

高技能人才之所以“高”，表现在“一专多能”，面对突发事件和生产难题时的灵活应变能力。灵活应变能力是人类在一般应变能力的基础上，通过社会实践和自身修养而培育起来的带有社会性的技能和本领。灵活的应变能力使得高技能人才能够审时度势，针对不同决策环境，能够灵活机动，随机处置，这是需要在实践中不断磨炼和积累的。

（五）以工匠精神为核心的职业素养

高技能人才之所以“高”，还表现在以“工匠精神”为核心的职业素养上，他们具有严谨专注、精益求精、吃苦耐劳，敬业乐业、无私奉献等优秀品质。2016 年，我国第一次在政府工作报告中提出工匠精神，并引发社会各界的热议，尤其是在制造业领域，工匠精神成为技能人才的职业追求，被赋予了更多的时代意义。工匠精神实际上是一种理念，是大胆探索创新、勇于攻克技术难关，对自己成果不断精益求精，力求完美的精神理念。工匠精神推动中国制造向中国“智”造，制造大国向制造强国的历史性跨越。

二、高技能人才的成才规律

马克思主义唯物辩证法认为，世界任何事物的发展变化都有其自身规律。人才发展亦是如此。人才规律是指人才成长过程中所具有的可重复的必然关系或概率性重复的概然关系。由此笔者认为，高技能人才成长规律是高技能人才成长过程中所具有的可重复的必然联系或概率性重复的概然关系。高技能人才培养成长不可能一蹴而就，这也决定了高技能人才具有稀缺性，我们需要遵循高技能人才的成才规律，才能取得最佳成效。

（一）成才的内外因综合作用规律

马克思主义唯物辩证法认为，任何事物的发展都是内因和外因相互作用的结果，外因是变化的条件，内因是变化的根据，外因通过内因而起作用。高技能人才成才的内外因作用律，是指高技能人才的成才过程，受到内外部因素作用的影响和制约，是内外因相互作用的结果。影响高技能人才成长的内在因素主要是指个人的素质，包括身体素质、思想政治素质、能力素质、心理素质和知识素质五个方面，这是人才成长的基础和决定性因素。外部因素主要是影响高技能人才成才的社会客观条件，如社会经济环境、人才制度、人才政策、机遇等。内外因相互作用、相互影响，为高技能人才成才创造内外部条件。

（二）创造实践的累积效应规律

创造实践的累积效应规律，是指在一定条件下，创造性实践只有积累到一定的量，达到必要水平，高技能人才才能得以成才。高技能人才成长不可能一蹴而就，而是其知识、经验、技能随着时间的流逝逐渐积累和沉淀，进而发生量变到质变的飞跃，由初级技能人才逐渐变为高技能人才。这是高技能人才成才的重要规律，反映了高技能人才的基本特征。创造性实践和必要累积是高技能人才成长过程的必由之路。高技能人才成长的高度与其创造性实践的积累成正比。荀子云：圣人也者，人之所积也①，恰恰印证了这个道理。

习近平总书记指出：有研究表明，科学家的优势不仅靠智力，更主要的是专注和勤奋，经过长期探索而在某个领域形成优势。人工合成结晶牛胰岛素、高温超导、纳米科技、人类基因组测序等基础科学领域的一系列突破及“两弹一星”、超级杂交水稻、探月工程、量子通信等工程技术领域取得的世界领先成果无一不与诸多优秀科学家勇攀科学高峰、敢为天下先的创新实践有关。

（三）技能获得的师承效应规律

阿尔伯特·班杜拉（Albert Bandura）的社会学习理论认为，人的多数行为是通过观察别人的行为和行为的结果而学得的，依靠观察学习可以迅速掌握大量的行为模式。自古以来，就有“名师出高徒”的典范，反映了学识丰富的人对于人才培养的重要性。师承效应是指在人才教育培养过程中，徒弟的德

---

① 荀况．荀子译注［M］．上海：上海古籍出版社，1995．

识才学得到师傅的指导、点化，从而使徒弟在继承与创造过程中少走弯路，达到事半功倍的效果，有的还形成“师徒型人才链”。

高技能人才知识技能的师承效应尤为明显。在师徒制关系中，徒弟依靠仔细观察、认真模仿和反复练习逐步掌握师傅处理问题的方式方法和逻辑思维，这种学习方式集合了社会认知理论中所讲的直接学习和间接学习两种方式的精髓。同时，师傅将依附于其个体存在的知识、经验和感悟对徒弟进行言传身教，以最高效率的教育方式培养出优秀的高技能徒弟。

工作岗位中实行师傅教徒弟的工作现场教学指导，能够以最高效率完成技能的提升学习，这种师徒传承的技能学习实现了边生产、边实践、边训练、边学习的一举多得的良好效果和效益。

（四）实践训练的岗位成长规律

实践训练的岗位成长规律，是指立足工作岗位，“干一行、爱一行、钻一行”，勇于开展创造性实践，从而在工作岗位上做出突出或重大贡献。

马克思主义实践观认为，实践是认识的来源，是认识发展的根本动力，是检验认识正确与否的唯一标准。陆游曾在其《书巢记》中所言：天下之事，闻者不如见者知之为详，见者不如居者知之为尽。两者都强调了实践在个人发展中的作用。人类的学习分为直接学习和间接学习。由于理论知识的学习需要观察和熟读硬记，因此这部分知识可以在课堂教室中进行。而技能的学习需要学习者身临其境并亲自动手，创造性技能的掌握更需要学习者通过在岗位上不断发现问题，解决问题才能有更好地成效。

三、高技能人才成才规律对技能人才培养的启示

在“高精尖”的人才导向下，我国高技能人才队伍建设取得历史性成就。截至 2021 年年底，全国技能人才总量超过 2 亿人，高技能人才已超过 6000 万人。[①] 但从比例上看，技能劳动者占就业人口总量仅为 26%，高技能人才仅占技能人才总量的 28%，尚与发达国家存在较大差距。[②] 要想在攻克重点、难点技术上取得实质性进展，我们应当遵循高技能人才的成才规律，加快高技能人才的培养。

---

① 吴晓东．全国高技能人才超过 6000 万人［EB/OL］．（2022－07－29）［2022－09－10］．https：//baijiahao. baidu. com/s?id = 1739693962997823711&wfr = spider&for = pc.

② 李心萍．技能人才需求旺盛［EB/OL］．（2021－03－19）［2022－09－10］．https：//baijiahao. baidu. com/s?id = 1694614342016157680&wfr = spider&for = pc.

（一）倡导终身学习理念，建立终身教育育才体系

成才的内外因综合作用律告诉我们，在高技能人才培养上，既要重视内因的主导作用，在夯实高技能人才的专业知识、提升操作技能、培养创造力、塑造工匠精神上下功夫，又要重视外部条件的作用，为高技能人才的发展营造宽松的、积极的有利于技能人才成长的外部环境和条件，形成强有力的管理体制和制度保障措施。随着人才成长阶段的变化，起主导作用的内部因素也会发生变化，这就要求在高技能人才使用上，需要调整用人策略，最大限度地发挥其创造才能。

随着科技革命、人工智能、数字变革、大数据、区块链等各种新挑战层出不穷，并深刻地影响着人们的生活和工作的情况下，高技能人才也需要逐渐被重塑能力结构，不断适应和胜任社会环境带来的诸多变化。企业应该加强培训，更新技能人才的知识技能，使之持续发展，适应变化。

（二）完善技能人才评价和管理制度，充分发挥整体优势

创造实践的累积效应规律告诉我们，育人用人要重在创造性实践，积极引导成才主体树立创造实践在成才中占主导作用的观念，在积极夯实专业知识、提升技术技能的同时，又要创新方法，形成有效的创造实践。同时还要认识到，成才需要创造实践的一定量的积累，才能发生质的升华和突破，要努力营造尊重劳动特点，尤其是对一些“卡脖子”的关键核心问题，由于研究需要的周期长、风险大、难度高，因此国家要发挥组织者作用，发挥群体的整体优势，让技能人员有用武之地，在实践中发挥积极作用。

（三）倡导师徒协同发展，发挥师徒制育才特色

技能形成的师承效应规律告诉我们，在高技能人才培养上，要重视师承效应，探索中国特色学徒制，发挥技能大师在人才培养中的引领示范作用。

师徒制的最大特点就是师徒之间一对一教学。师傅能够做到言传身教，徒弟能够在旁边察言观行，从而顺利地完成显性知识和隐性知识的传授。由于这个特点是学校课堂教育难以实现的，因此在高技能人才的培养过程中应当充分注重发挥师徒协同育人的方式。随着人类科技进步和智能技术的普及，社会中出现了徒弟因能够熟练掌握和借助最新技术手段而逐渐超越师傅的现象，甚至

出现了徒弟将社会上的先进智能技术教授给师傅的反哺现象，这在传统的师徒制时代是无法想象的。这一现象说明，未来社会中高技能人才培养过程中的师徒制可能是互为师徒的协同关系，这从侧面也印证了人类知识的双向流动性的特点。师徒协同发展或许能够成为未来高技能人才成长过程中的重要方式。

（四）倡导岗位成长成才，构建产教融合育人平台

通过高技能人才的岗位成才规律发现，高技能人才培养要开拓成才领域，确立技术工人也是人才的观念，将人才培养与工作岗位紧密结合在一起，鼓励在岗位上争当能工巧匠。同时，应该注意理论学习与岗位实践相互配合，依据岗位特点和岗位要求设置培训课程和培养内容，遵循不同类型岗位成才的规律，“因材施教”，构建产教融合的育人平台。

高技能人才的成长与一线实际工作岗位的长期实践训练是直接并行的，离开了岗位的生产实践训练的技能是难以存在的。技能应当来自岗位实践，同时也需要在岗位实践中学习，在多次的反复训练操作中结合理论知识不断摸索探索才能取得创新和突破。立足本职岗位可以说是每一个高技能人才成长成才的必经之路。

岗位成才这一人才培养模式也存在局限性，由于高技能人才需要具备扎实的理论知识，因此需要正规教育体系的介入和培养。随着国家经济结构和产业结构的不断调整，作为技能型人才培养主体的职业教育逐渐走出了多元化办学的道路。产教融合发展的理念已经不局限于职业教育范畴内，一些本科院校也积极参与了产教融合育人浪潮中。职业教育和高等教育系统应当根据区域经济发展需要，准确定位专业人才的发展目标，明确好人才培养的标准，引导高技能人才有效学习专业知识并提升职业技能。各地区各类型的教育系统应当根据实际情况构建校企命运共同体，能够做到持续性地培养高技能人才的岗位适应能力，校企命运共同体的形式可以根据区域经济发展特点和需要共建学科专业、实训基地以及产业学院，这种校企命运共同体不局限于学校的学生到企业中进行岗位实习训练，更应当拓展到企业员工定期到学校中进行理论知识的回炉再学习。

（庄文，上海开放大学讲师，主要研究方向为成人教育学、人才学）

新时代公共卫生人才成长规律研究*

倪 央 王 斌

摘　要： 我国一直高度重视公共卫生人才建设，研究公共卫生人才成长规律是推进健康中国建设、加强公共卫生人才队伍建设、加强公共卫生人才培养的必然所在。新时代公共卫生人才成长体现出曲折向上、年龄效应、理论实践交互成长、期望效应等规律。为了确保成长规律的有效发挥，重点提出革新公共卫生人才制度路径，打造公共卫生人才全链条、多层次培养政策路径，改善公共卫生人才管理路径，以期为新时代公共卫生人才建设提供切实可行的实践路径。

关键词： 公共卫生人才；成长规律；新时代

党的二十大报告提出，要深入实施人才强国战略，坚持尊重劳动、尊重知识、尊重人才、尊重创造，完善人才战略布局。我国也一直高度重视公共卫生人才，要求坚持面向世界科技前沿、面向人民生命健康，加快建设国家公共卫生战略人才力量。研究新时代公共卫生人才成长规律是必须的，也是必然的。研究公共卫生人才成长规律，可以更好地适应新时代我国公共卫生人才的需要，为新时代公共卫生人才建设提供切实可行的实践路径，更快形成公共卫生人才国际竞争的比较优势，进而推进我国公共卫生事业发展。

一、研究新时代公共卫生人才成长规律的必然性

公共卫生人才是公共卫生事业建设的保障，主要是指具备医学、预防医学基础知识和基本技能，同时具备自然科学知识和人文知识的人才，他们把人民健康放在首位，是能够胜任医疗卫生机构、教学科研等岗位的复合型人才。研

* 本篇论文为教育部新文科研究与改革实践项目“乡村治理复合型人才培养创新与实践研究”（2021100074）阶段性成果。

究新时代公共卫生人才的成长规律既是推进健康中国建设的需要，也是加强疾病防控、加强公共卫生人才培养的需要。

（一）推进健康中国建设的需要

我国公共卫生体系建设一直是党和国家高度重视的建设方向，党的十九大提出“健康中国”战略，首次将“健康中国”作为国家发展战略，深刻表明人民健康可以促进经济社会发展，加强公共卫生体系建设可以确保人民健康。《“健康中国 2030”规划纲要》提出：要继续实施完善国家基本公共卫生服务项目和重大公共卫生服务项目。加强建设公共卫生体系能够完善国家基本公共卫生服务项目，公共卫生人才作为公共卫生体系的重要成分，其成长规律研究对完善国家基本公共卫生服务项目并推进“健康中国”建设具有重大意义。

（二）加强公共卫生人才队伍建设的需要

加强公共卫生体系建设，必须重点抓好公共卫生人才队伍建设的顶层设计，打造高水平公共卫生队伍。习近平总书记在中央全面深化改革委员会第十二次会议上指出：要加强公共卫生队伍建设，健全执业人员培养、准入、使用、待遇保障、考核评价和激励机制。《“十四五”卫生健康人才发展规划》也提出，要加强公共卫生人才队伍建设，配置公共卫生复合型人才，吸纳多学科专业人员融入公共卫生队伍。[①] 研究公共卫生人才成长规律对公共卫生人才培养、管理等工作具有实践意义，在公共卫生人才成长规律的指引下寻找加强公共卫生队伍建设的路径将更有目的性和计划性。

（三）加强公共卫生人才培养的需要

近年来我国的公共卫生事业发展和公共卫生人才能力在社会各方面都备受关注，同时也暴露了我国公共卫生人才短缺、公共卫生服务质量差等问题，成为制约公共卫生事业发展甚至推进健康中国建设的关键问题。解决这一关键问题的方法之一就是要探索研究公共卫生人才成长规律，以指导新时代下公共卫生人才的培养实践。

---

① 郭蕾．“十四五”卫生健康人才规划发布［N］．健康报，2022－08－17（1）．

二、新时代公共卫生人才成长的影响因素分析

根据《2021年中国卫生健康统计年鉴》显示①，我国2020年年底总共有1347万余名卫生技术人员，相比2019年增长约4.2%，每千人内城市卫生人员与乡村卫生人员合计只有7.57人。各地区卫生技术人员呈现发达地区人才充足，少数民族地区和中部城市人才较为稀少的特点，表明我国的公共卫生人才仍然较为紧缺。因此，研究公共卫生人才成长影响因素，总结出规律并遵循规律培养更多人才的工作刻不容缓。

（一）内在因素

内在因素是指包括学习能力、心理素质、年龄、对工作的热情、个人远大的志向等对人才成长具有影响作用的因素。对于公共卫生人才，学习能力、心理素质、远大志向都对其成长具有正向影响作用。从《2021年中国卫生健康统计年鉴》可以看出，我国公共卫生人才的学历和专业技术资格正稳步增长，2019年执业医师本科生比例为43.8%，2020年该数值达到45.7%。公共卫生人才始终是重视理论积累的特殊人才，他们的学习能力越强，其理论知识的获取和实践经验的积累就越容易。由于公共卫生人才在工作过程中经常会遇到一些无法控制的事情，因此他们的心理素质越强，其面对挫折和困难的态度就越积极，重新振作、继续努力的可能性就越高，更倾向于在成才的道路上继续前进，心理因素是成才目标的基础。② 拥有远大志向的公共卫生人才会明确地朝着目标奋斗，且成长道路稳定。年龄的影响体现在随着年龄的增长，公共卫生人才的理论知识和实践经验积累到一定阶段会出现一个巅峰期，从《2021年中国卫生健康统计年鉴》可以看出，25—44岁的执业医师的数量占50%以上，说明公共卫生人才的成熟期为25—44岁。假设公共卫生人才在25岁本科毕业并完成3年住院医师规范化培训后参加工作，也即这一年龄段为公共卫生人才成长的巅峰期，在巅峰期过后虽然理论和实践仍在增长，但由于公共卫生人才对身体素质和头脑清晰度的要求较高，其成长阶段会出现衰落期。因此，内在因素对公共卫生人才的个人成长发挥着重要的作用。

---

① 国家卫生健康委员会．2021中国卫生健康统计年鉴［M］．北京：中国协和医科大学出版社，2021．

② 曹杰．社会主义现代人才素质［M］．天津：南开大学出版社，1996．

（二）外在因素

外在因素指的是包括政策制度、思想环境、社会环境等对人才成长产生外部影响的因素。对公共卫生人才来说，政策制度方面的激励与考核制度、薪资制度等越完善，对公共卫生人才成长的激励效果越好。思想环境在很大程度上决定了人才的心理素质和道德品质，思想环境对公共卫生人才的责任感、信念感等多个方面都有较大的正向影响。社会环境可以包括家庭经济状况、家庭受教育水平、社会秩序环境等，公共卫生人才的学习生涯通常需要较大的经济支持，家庭经济状况较好的家庭通常更有可能培养出公共卫生人才，并且家庭成员的受教育水平越高，越能意识到高等教育的重要性，越能培养出公共卫生人才。社会秩序环境的风险，例如医疗纠纷等情况会导致公共卫生人才的成长受到阻碍，面对这样的社会秩序环境，公共卫生人才会失去对公共卫生工作的热情，从而导致人才流失的情况。人才能够充分发挥作用不仅与自身发愤图强有关，而且与各项外在因素有很大的关系。

（三）交互作用因素

多种研究表明个体的成长是内部因素与外部因素交互作用的结果，在公共卫生人才的成长中，并不是由一个因素发挥决定作用，而是多种因素交互综合发挥作用，除了学习能力、心理素质等内部因素对公共卫生人才的个人成长有主要的影响，思想环境、政策制度等也对公共卫生人才的成长产生重要的影响，笔者在研究各种影响因素后，总结出符合公共卫生人才的成长规律，在尊重规律的基础上提出有效的实践路径。

三、新时代公共卫生人才成长规律分析

（一）曲折向上规律

曲折向上规律是指公共卫生人才在成长过程中不可避免地会经历一些挫折，但仍保持着向上发展的趋势。事物的发展是前进性与曲折性的统一，公共卫生人才的成长也是如此，他们在曲折中进行自我发展和自我完善。曲折是一种客观劣势，公共卫生人才成长过程中的曲折主要包括学习阶段的时间长，需要在短时间内获取大量知识；而实践阶段的体系不健全，会导致实习期间积累

经验不充分或实习被压榨等情况，这样的曲折对于公共卫生人才来说虽然不是致命的，但仍会影响公共卫生人才的成才愿望和就职意愿等。《2021 年中国卫生健康统计年鉴》可以看出，我国公共卫生人才虽面临着曲折，但公共卫生人才的数量稳步增长，仍保持着向上向前发展的趋势。

遵循曲折向上规律，要确保改变曲折的劣势地位，其关键在于对劣势的正确认识和战胜劣势的有效办法。因此，公共卫生人才在面对这些曲折时，应该查找问题、反思自我、调整心态，逐步走向成熟、迈入成功。在合理的认识下，曲折有时反而会成为一种极为强大的推动力，使公共卫生人才能够更加集中精力地去工作，从而在与逆境和曲折的战斗中，得到特殊的意志品格与战胜挫折的能力。须知曲折并非逆境，逆境并非绝境。公共卫生人才的成长不可能一帆风顺，而是需要经过长期而艰苦的付出和磨练，从曲折中汲取经验。

（二）年龄效应规律

年龄效应规律指公共卫生人才成长过程中存在一个特殊年龄段为公共卫生人才的巅峰期，从《2021 年中国卫生健康统计年鉴》可以看出，我国公共卫生人才的巅峰期处于 25—44 岁这个年龄区间。三十而立、四十而不惑、五十而知天命[①]，公共卫生人才在成长过程中也会出现一个理论知识和实践操作能力俱佳的年龄段（25—44 岁），此阶段的公共卫生人才通常具有一定的科研素质和学术能力、较好的专业技能和公共卫生实践能力，在工作中能够独立从事公共卫生相关领域。我国学者赵红州提出的“科学创造最佳年龄区”为 25—45 岁[②]，与公共卫生人才的统计结果相符，赵红州认为此阶段为记忆力和理解力最好的黄金时期，公共卫生人才在此阶段的实践操作能力也具有较高的精确性，结合理论知识进行实操时其各方面的能力都是最优的。

但是年龄巅峰期不是一个完全确定的年龄段，由于每个独立的公共卫生人才都可能或早或晚迎来他的巅峰期，因此根据年龄效应规律，在培养公共卫生人才时应重点把握“巅峰年龄段”，以求培养更多的高素质、高层次的公共卫生应用型人才，同时，应该在培养公共卫生人才时尊重个体的差异，针对个体人才提出相应的培养方案，达到全面培养公共卫生人才的目的。

---

① 孔丘．论语［M］．北京：中华书局，2006.

② 赵红州．科学史数理分析［M］．石家庄：河北教育出版社，2001：67－72.

（三）理论实践交互成长规律

理论实践交互成长规律是指医学理论与实操经验的相互融合、相互促进。公共卫生专业需要医疗专业理论知识和实践经验结合，单凭理论知识或者实践经验都无法成就公共卫生人才。习近平总书记提出，一定要坚持理论和实践相结合，注重在实践中学真知、悟真谛，加强磨练、增长本领。因此，只有在科学理论的指导下，实践才能达到改造客观世界的目的，理论再好，如果不与实践相结合，也毫无意义。在我国，重视理论与实践有机结合以及强调理论或实践的重要性，是能够适应变化的形势和解决主要矛盾及矛盾的主要方面的实际方式。

理论实践交互成长规律和公共卫生的专业特性要求公共卫生人才在成长过程中思想与实际结合，即学习理论知识与方法论，再由方法指导实践，最终走向成功。我国对公共卫生人才的学科教育，虽然已经针对公共卫生人才建立起如“5 +3”（5 年临床医学本科教育 +3 年住院医师规范化培训或 3 年临床医学硕士专业学位研究生教育）等多套培养体系，但实践方面的健全机制仍未完善。成长规律也要求公共卫生人才坚持实践第一的观点，重视实践，在实践中学真知，在实践中成才。

（四）期望效应规律

期望效应又被称为“皮格马利翁效应”，是一种管理心理学与行为科学的理论，主要是指人们从事工作或活动的动机来自其个人的行为结果以及对个人工作效率的预期判断，公式表示为：$M = \Sigma V \times E$。其中 M 表示激发力量，指个人主动性被调动的强度，V 表示效价，指达到满足个人需求的目标的价值，E 表示预期价值，指个人对达到目标的把握程度，激励（motivation）取决于达到满足个人需求的目标的价值［即效价（valence）］和其对应的预期价值（expectancy）的乘积。而期望效应规律对于公共卫生人才来说，是指其漫长学习过程和艰苦实践经验积累的动力基本来源于行为结果的预期判断，包括医疗人员的群众满意度、薪资待遇以及个人成就感等。但是，如果这些行为结果的预期判断并不能让公共卫生人才满意，例如发生医闹、报酬与投入的精力不符、为公共卫生投入的努力和成效不匹配等情况，就会导致公共卫生人才的流失。

根据期望效应规律，可以加强对政策制度、思想环境、社会环境等外部因素的控制和改善，以使公共卫生人才的预期判断好转，达到减少公共卫生人才流失的目的。同时应该关注公共卫生人才对薪酬、管理制度等方面的期望，并针对其期望，提高公共卫生人才的“效价”，从而达到对公共卫生人才产生激励的效果。

四、新时代公共卫生人才成长规律有效发挥的实践路径

在深入研究新时代公共卫生人才成长过程中的影响因素和成长规律的基础上，结合近年来我国公共卫生人才培养、管理的有效做法和实践经验，笔者进一步提出能使公共卫生人才成长规律有效发挥的制度、政策、管理三个方面的实践路径。

（一）革新公共卫生人才制度路径

革新公共卫生人才制度，要遵循公共卫生人才成长规律，通过制度设计完善我国的教育理念，通过“双导师制度”等方式在理论和实践的交互作用下培养全方位发展的公共卫生人才。牢固树立“人才是第一资源”的理念，加强相关配套制度的建设，包括公共卫生人才引进制度、公共卫生人才培养和管理制度等，在制度上推进资源配置从注重物质要素转向更加注重人才技术要素，构建与高质量发展相适应的人才规模和结构布局。因此，在公共卫生领域增加教育投资、设备投资、演练投资等方面的人才投入，将会对未来防范各种公共卫生危机起到很大的作用。

改革人才制度能使我国公共卫生人才在成长及工作的过程中积极向上，能更好地适应新时代我国公共卫生人才的需要，更快形成我国公共卫生人才国际竞争的比较优势。

（二）打造公共卫生人才全链条、多层次培养政策路径

要加强公共卫生专业基础人才培养，打造公共卫生人才全链条、多层次培养路径。公共卫生人才的培养虽然在很大程度上依赖于学校教授的理论知识，但实践操作必不可少。当前，我国公共卫生人才存在重理论轻实践的现象。2021 年，国家卫生健康委员会干部培训中心（党校）等机构筹划了“公共卫生人才提升项目”，并于 2022 年正式启动，该项目希望通过实施新的课程制度、加强实践研究等方式，系统地为加强公共卫生人员能力和提高公共卫生研

究及公共卫生实践能力作出贡献。因此，要在公共卫生人才仍在学校时加强实践与理论结合的教学方式，公共卫生实践涉及基本临床技能，公共卫生事件突发时的处理能力，传染病、慢性非传染性疾病、职业健康、营养和环境调查处理等。同时要在夯实公共卫生理论学习的基础上拓宽学科知识面，公共卫生人才的理论知识不仅包括传统公共卫生基础学科知识，而且包括普通医学、社会与行为科学、健康管理和数据科学等知识。国家可以在政策上增加对复合型公共卫生人才的投入，建立多层次培训机制和完整的继续教育的培训链，为公共卫生在职人员提供标准且畅通的教育培训渠道。此外，还需要开设丰富的继续教育课程群，以提高非公共卫生专业背景的医务人员和行政部门工作人员等群体相应的知识素养和技能。突破入学招生考试的瓶颈，招收更多积极的在职公共卫生人才攻读研究生学位，提高公共卫生人才的业务水平和专业能力，确保不再出现公共卫生人员工作不到位的现象，为新时期公共卫生人才发展提供保障。

（三）改善公共卫生人才管理路径

由于管理部门对公共卫生人才成长过程中起着重要的影响作用，因此管理公共卫生人才时应遵循期望效应规律和年龄效应规律。在培养公共卫生人才时应重点关注“巅峰年龄段”，充实队伍，创新人才使用办法。加强基层公共卫生医生配置；进一步健全以招聘制度和就业管理制度为主要内容的事业单位用人机制；在薪酬、晋升渠道、激励基层专业人员上给予一定政策倾斜，同时加大鼓励专业人员下基层；探索建立“首席公共卫生医官”制度[①]，在突发公共卫生事件的管理和资源配置方面赋予其决策权和资源调配权。

要创新公共卫生人才管理方式和人才评价机制，应健全以岗位职责为基础，以品德、能力和业绩为导向，科学且贴近社会的公共卫生人才评价机制；完善专业技术职称评价体系，落实公共卫生专业技术职称评价政策；加强和提升对公共卫生在职工作者的医疗保障等基本待遇保障，将各级卫生机构中的公共卫生工作人员的基本工资纳入财政保障[②]；深化收入分配制度的改革，合理确定公共卫生工作人员薪酬，建立薪酬增长机制和岗位津贴等激励与约束的有

---

① 杨皓斌，胡向科，史千山，等．湖南省公共卫生人才队伍建设现状与建议［J］．中国感染控制杂志，2020，19（5）：393－397．

② 欧阳霞，卢丽君．“健康中国”战略的科学内涵与实践路径［J］．东华理工大学学报（社会科学版），2021（6）：533－537．

效机制；提高公共卫生人才质量，提高公共卫生服务效率，同时加强对公共卫生人才的思想教育和心理疏导。总而言之，通过有效的管理可以改善公共卫生人才的流失，进一步推动我国公共卫生事业发展和建设“健康中国”。

（倪央，西南大学硕士研究生；王斌，西南大学教授、博士生导师）

新时代青年人才的成长规律及培育路径*

袁　芳

摘　要：人才成长规律是对人才成长过程中各种本质联系的概括与归纳，人才理论研究对人才成长规律的揭示主要包括综合效应规律、有效的创造实践成才规律、人才过程转化规律、竞争择优成才规律、高端引领效应、共同愿景凝聚效应、互补优化效应等。新时代青年人才的成长具有进步性和局限性并存的基本规律。青年进步性主要表现为报效祖国的远大志向、自信担当的精神风貌、创新创造的内在素质；青年局限性主要表现为小我视角和理想主义。为了促进青年人才顺利成长，需要引导青年人才把握“总开关”、投身“大熔炉”、开启“新引擎”，不断坚定理想信念、提高实践本领、激发创新活力。

关键词：青年人才；成长规律；培育路径

对人才成长规律的揭示，一直是人才理论研究的核心内容。虽然每一个独特个体的成功不能复制，但人才的成长经历和教育方式有可以借鉴的规律。青年是连接过去、现在与未来的桥梁，不仅是国家发展活力的体现，而且是国家核心竞争力的重要因素。青年人才既遵循一般的人才成长规律，同时在成才基础、路径、动力、形式等具体方面显示出个性，具有自身特殊的规律性。不断发现和揭示青年人才的成长规律，是新时代做好青年工作的核心任务。因此，深刻认识新时代青年人才的成长规律及促进机制，不仅有助于丰富人才规律研究的基础理论，而且对科学培养和塑造一批批担当复兴重任的时代新人具有重要指导意义。

---

* 本篇论文来自2021年教育部社会科学司高校思想政治理论课教师研究专项一般项目和北京高校中国特色社会主义理论研究协同创新中心（中国政法大学）阶段性成果。

一、人才成长规律研究的主要成果

人才成长规律是对人才成长过程中各种本质联系的概括与归纳。人才在成长过程中，成才的年龄、途径不同和环境各不相同，呈现出纷繁复杂的状况。人才的成长虽然是一个动态复杂的过程，但由于任何类型的人才首先表现为一定历史时空和现实情景中的人，人的实践行动是外显的，因此人才成长也是有规律可循的。人才规律指的是人才成长过程中一定条件下可重复的一对一和一对多的变换关系或概率性重复的变换关系。因此，虽然从表面上看，发明创造与年龄、环境等因素没有必然的联系，但运用概率统计的方法，可以揭示众多偶然的、随机的人才现象中的可重复性的特征，比如最佳年龄成才规律。还可以依据一定的因果关系揭示人才成长的动力、形态和趋势，比如有效地创造实践成长规律、内在素质演变规律、人才过程转化规律等。

学界从不同角度和层次将人才成长规律分为不同的类别，将其视为一个复杂的多序列、多层次的规律系统。从研究对象的范围看，人才规律包括社会人才总体运动规律（人才辈出规律）、人才群体成长规律（人尽其才规律）和人才个体成长规律（人成其才规律）。从规律作用和适用范围看，可以分为一般规律和特殊规律，一般规律适用于各类人才，特殊规律只适合某类特殊人才；从人才规律的内容和次序看，则可以分为人才结构规律、人才功能发挥规律和人才发展规律。从个体人才成长和发展过程来看，普遍性的规律主要有综合效应规律、有效的创造实践成才规律、人才过程转化规律、竞争择优成才规律等；从群体人才成长角度，则有高端引领效应、共同愿景凝聚效应、互补优化效应等规律。[①]

二、新时代青年人才的成长规律及具体呈现

习近平总书记高度重视青年人才，针对如何认识青年、青年如何成长、如何教育引领青年、如何发挥青年作用等一系列重大问题提出了新观点、新论断、新论述，为揭示新时代青年人才成长规律提供了思想指导。习近平总书记指出，青年人阅历不广，容易从自身角度、从理想状态的角度来认识和理解世

① 叶忠海．新编人才学通论［M］．北京：党建读物出版社，2013：280．

界，难免给他们带来局限性。这是青年成长的规律，我们要尊重这个规律。[①]这是对新时代青年成长规律的科学总结，揭示了青年进步性和局限性并存的成长规律，具有重要的原创性贡献。

（一）新时代青年人才进步性的具体表现

为了深入了解新时代青年人才成长规律的具体呈现，笔者围绕2020—2022年30名“中国大学生自强之星”事迹材料开展了文本分析，“立志、目标、精神、时间、精力、学校”成为高频词。由此可知，青年进步性主要表现在报效祖国的远大志向、自信担当的精神风貌、创新创造的内在素质。

一是报效祖国的远大志向。志气主要体现一个人的理想信念，表现为对国家和民族的忠诚。“立大志”对新时代青年成长非常重要，这源自理想信念是青年成长成才的关键因素，所谓“志”就是理想信念。正如习近平总书记曾指出：理想指引人生方向，信念决定事业成败。没有理想信念，就会导致精神上“缺钙”。中国梦是全国各族人民的共同理想，也是青年一代应该牢固树立的远大理想。中国特色社会主义是我们党带领人民历经千辛万苦找到的实现中国梦的正确道路，也是广大青年应该牢固确立的人生信念。[②]新时代青年人才生逢其时，在社会主义现代化强国建设的时代背景下成长，普遍具有鲜明的个人理想和社会理想，具备坚定的中国立场和广阔的国际视野。青年的志气不是先天生成的，主要来自家国情怀。没有家国情怀的青年难以形成大格局和大胸怀。中华民族“家国同构”的共同体意识和价值追求，不断涵养当代青年人才自觉地将爱家与爱国、齐家与治国、家风和国魂相提并论。例如，北京航空航天大学学生余汉明的“火线入党”；华东交通大学张海龙在实验室里将生活中小创意“孵出”一项项发明专利，都离不开从小报效祖国的远大志向。

二是自信担当的精神风貌。新时代青年人才普遍具备一种自信和担当的精神风貌，这种担当和自信来自中国特色社会主义事业取得的伟大成就。他们开始密切关注中华传统文化和国产动漫，并以中华优秀传统文化为荣耀。在担当时代使命的过程中，青年人才不断确认自身的主体力量，进一步夯实了自信心。例如，长安大学学生林启和一年内两次捐献造血干细胞；西藏大学学生次仁成为盲人求学路上的“眼睛”；安徽师范大学学生蔡张飞携笔从戎；贵州青年志愿者郭强不断成为公益活动发起人、志愿服务领头人、爱心

① 习近平．在纪念五四运动100周年大会上的讲话［N］．人民日报，2019－05－01（2）．

② 习近平寄语青年［N］．人民日报海外版，2017－05－03（5）．

项目联络人、支教老师；桂林医学院学生唐玮鲜成为勇救路人的95后“白衣天使”。

三是创新创造的素质能力。我国社会正逐步进入智能时代，科技创新和技术进步成为经济增长的动力源泉。新时代青年创新创业素质和能力的全面提升，尤其是青年自身创造力的迸发为我国经济社会发展增添了无穷的动力，这正是新时代青年的特殊优势所在。例如，中南民族大学环境化学专业硕士研究生蓝际荣用科技创新点亮绿水青山；四川大学学生范云鹤勤于思考和创新，成为校园发明家；华中科技大学博士生曹英豪投身科研，攻关医学“卡脖子”难题；北京科技大学学生赵基淮用算法助患者减缓病痛。

由此，青年人才成长的综合效应规律主要体现为学校环境、家庭环境、同辈环境的综合效应，影响青年人才成长的主要因素有学校教育、家庭教育（尤其是母亲的影响）、社会实践活动、榜样的精神激励等。有效的创造实践成才规律主要表现为青年创新创造实践成才规律；成长过程转化规律主要表现为青年学习积累期、实践磨炼期、成果初现期的相互转化。青年群体成长规律中的高端引领效应主要表现为榜样的激励作用；共同愿景凝聚效应主要表现为理想信念对青年的引领凝聚作用，尤其是立志报国的志向在青年成长过程中占据主导作用。

（二）新时代青年人才局限性的具体表现

受社会环境的制约，功利主义为主导的社会思潮对青年成长成才产生重要影响。为了抵抗功利主义带来的压力，摆烂文化开始在部分青年群体中流行，逐渐成为青年一代亚文化的典型症候。青年沉迷于网络构筑的虚拟世界，有人倾向于选择不恋爱、不结婚、不生子，成为典型的“抛世代”。与“佛系”和“躺平”青年相比，“摆烂”青年更加理直气壮地选择在人生最美好的阶段逆流而下，主要表现为反抗物质主义、接纳虚无价值、嘲弄奋斗精神。面对父母和社会评价，他们往往“心如止水”；面对社会热点事件，他们往往以“与我无关”的冰冷话语划清界限；面对日常的失败窘境，他们往往以“不以为然”的悲观心境全盘接受，遵循“逃避可耻但有用”的人生哲学，由此诱发了学界对“现代犬儒主义青年”的批判。

笔者通过深度访谈调查了15名“00后”大学生，发现“摆烂”已成为青年局限性的典型症候，具体表现为小我视角和理想主义。从“我的地盘我做主”“我破防了”“我社死了”“我麻了”等青年网络流行语可以看出，青年容易从“小我”为出发点来分析和思考问题。由于受人生阅历和生活空间局限的影响，青年往往以自我为中心，极端个人主义、功利主义的思想对青年人才的成长带来一定程度的影响。此外，青年群体的理想主义主要表现为理想与现实的脱节。当代青年普遍生活在物质生活条件相对富裕的时代，对个人和社会发展目标往往具有较高的期待。但由于个人素质和能力，部分青年奋斗精神和坚韧意志缺失，不能及时弥补目标和个人能力之间的差距，从而导致“佛系”“躺平”等退缩式生活方式。

三、新时代青年人才成长的培育路径

依据新时代青年人才进步性和局限性并存的基本规律及其具体呈现，为了促进青年人才顺利成长，需要着力促进青年人才的进步性、弥补青年人才的局限性，具体培育路径包括引导青年人才把握“总开关”、投身“大熔炉”、开启“新引擎”，不断坚定理想信念、提高实践本领、激发创新活力。

（一）引导青年把握“总开关”——在理论学习和实践锻炼中坚定理想信念

青年的成长具有很强的可塑性，从某种意义上看，青年属于“潜人才”，要实现“一块玉”的真正价值，必须在实践中不断打磨它。青年的成长成才并不仅仅是青年自身实现发展的需求，更是新时代赋予的政治使命，为人民的幸福贡献青春力量，成为新时代青年的成长航向。习近平总书记提出，共青团要做好青年思想引导工作、增强吸引力和凝聚力，必须站在理想信念这个制高点上。只有思想上精神上的吸引力和凝聚力，才是内在的强大的持久的。共青团要努力帮助广大青年树立远大理想，坚定走中国特色社会主义道路的人生信念。① 这一系列讲话表明，理想信念对青年的成长具有极端重要性，理想信念是青年成长成才的关键因素，是青年成长的“总开关”。青年具有“不忘初心，坚定跟党走”的理想信念，就为自身的成长奠定了前进的方向。这一思想遵循社会价值和个人价值的辩证统一性，认为坚定的理想信念不仅是中国特色社会主义发展对青年的内在要求，而且是青年自身成长成才的关键因素。理想信念“总开关”的作用具体体现在，理想信念不仅为青年成长指引正确的航

① 习近平同团中央新一届领导班子成员集体谈话［N］. 京华时报，2013－06－21（1）.

向，而且为青年成长注入持久的动力。

为了加强青年爱国之志，需要在理论学习和实践锻炼中引导青年深刻认识个人与国家共生共存的关系，个人的发展必须在共同体整体性和统一性得到保证的条件下才能实现。同时，爱国不是抽象的，国家的命运和中国共产党主导作用的发挥密不可分，爱国和爱党具有统一性，爱国不仅表现为一种情感和认识，而且需要实际的行动，要以讲原则、守法律的方式来爱国。集体主义是社会主义道德的基本原则，国家利益、社会整体利益和个人利益在根本上是一致的，由此可以引导青年认识到集体主义离我们并不遥远，就体现在具体实践之中。一个人要变成独立的个人，需要的并不是摆脱对他人、对社会的依赖和缩小与他人、与社会的联系，事情或许相反，而是要进一步升华这种依赖、扩大这种联系。[①] 由此，应教育引导青年积极作为，在服务人民、服务社会的过程中促使自身内在素质和能力的提升，建立青年与社会的良性互动，真正参与社会、融入社会，自觉坚持个人利益服从集体利益、局部利益服从整体利益，反对极端个人主义和功利主义。

（二）引导青年投身“大熔炉”——在基层实践中提升为民服务的本领

人才学的研究表明，参加实践锻炼是人才价值实现的根本途径，也是人才价值实现的最直接途径。[②] 青年只有珍惜基层的锻炼机会，切实投入基层实践岗位当中，内在素质和能力不断得以磨炼而快速提升，才能在实现社会理想的基础上实现个人理想。习近平总书记提出：学到的东西，不能停留在书本上，不能只装在脑袋里，而应该落实到行动上，做到知行合一、以知促行、以行求知。[③] 青年的成长具有很强的可塑性，从某种意义上看，青年属于“潜力人才”，要实现真正价值，必须在实践中不断打磨自己。正如习近平总书记在考察中国政法大学时指出，广大青年人人都是一块玉，要时常用真善美来雕琢自己，不断培养高洁的操行和纯朴的情感，努力使自己成为高尚的人。[④] 青年只有切实投入基层的实践锻炼，才能够深刻地了解中国的国情，不断积累新经验、形成新认识，得到全方位的实践锻炼。

习近平总书记提出：江山就是人民、人民就是江山，打江山、守江山，守

---

① 高清海. 市场经济、个人主体与现代哲学［J］. 吉林大学社会科学学报，1994（1）：4.

② 罗洪铁. 人才学学科30年建设和发展研究［M］. 北京：中央文献出版社，2009：165.

③ 习近平在北京大学师生座谈会上的讲话［N］. 人民日报，2018-05-03（1）.

④ 习近平在中国政法大学考察时强调　立德树人德法兼修抓好法治人才培养　励志勤学刻苦磨炼促进青年成长进步［N］. 人民日报，2017-05-04（1）.

的是人民的心。[①] 基层实践锻炼有助于引导新时代青年要把对人民利益的维护作为自己应尽的社会责任，把实现人民对美好生活的向往作为自己崇高的奋斗目标，从而自觉奉献青春，为全面建成小康社会多作贡献，在提高为社会、为民众服务水平中建功立业，让自身的理想和抱负在为人民的奉献中焕发出绚丽光彩。由此，青年要将其“不忘初心”这一思想政治素质的塑造当作首要任务，为自身成长成才奠定坚定而正确的方向。

（三）引导青年开启“新引擎”——在担当复兴使命中激发创新创造活力

青年作为一个国家核心竞争力的重要体现，其成长成才的过程实质上就是创新创造的过程，归根到底，能否取得创造性的劳动成果是衡量青年成才与否的重要标志。创造性劳动成果不仅要讲求数量，而且要追求质量，只有不断提高创新质量，才能从根本上提高我国的创新实力。由此，青年要勇于创新创造，在服务社会的过程中培养创新创造的素质和能力，在助推国家和社会进步的过程中实现自身的成长成才。2016 年 4 月 26 日，习近平总书记在知识分子、劳动模范、青年代表座谈会上的讲话中指出，青年人朝气蓬勃，是全社会最富有活力、最具有创造性的群体。[②] 党的十九大报告再次倡导创新文化，明确提出，要强化知识产权创造、保护、运用。培养造就一大批具有国际水平的战略科技人才、科技领军人才、青年科技人才和高水平创新团队。[③] 这一系列阐述是立足于中国发展的现实国情和世界发展的时代背景提出的。由于现代化经济体系的建立必须依靠创新，而创新最终依靠人才创造力的发挥，因此创新驱动的实质就是人才驱动。只有充分调动人才的积极性、主动性和创造性，激发人才的创新动机、拓展人才的创新能力，才能推动科技成果的推陈出新。人才强国战略和创新驱动发展战略作为面对新世纪的大战略，青年的战略价值日益凸显，全球范围都在争夺青年。由此，青年应自觉投入创新创造的时代洪流之中，在工作岗位上努力开展创造性的劳动。社会要保护青年创新活力，完善知识产权保护的相关制度，营造宽松的创新氛围。

（袁芳，中国政法大学马克思主义学院副教授）

① 习近平. 在庆祝中国共产党成立 100 周年大会上的讲话［N］. 人民日报，2021－07－02（1）.

② 习近平. 习近平：在知识分子、劳动模范、青年代表座谈会上的讲话［EB/OL］.（2016－04－30）［2023－09－20］. http：//news. xinhuanet. com/politics/2016－04/30/c_1118776008. htm.

③ 习近平. 决胜全面建成小康社会　夺取新时代中国特色社会主义伟大胜利：在中国共产党第十九次全国代表大会上的报告［N］. 人民日报，2017－10－28（1）.

新时代青年科技人才成长规律研究

蒲俊帆　王　斌

摘　要：人才越来越成为推动社会发展的战略性资源。当今综合国力的竞争，关键是人才资源的竞争。青年科技人才成为我国人才资源的重要组成部分。笔者以青年科技人才为切入点，通过查阅文献与统计数据，总结归纳出三个青年科技人才成长规律：黄金年龄成才规律、科研成果优势积累规律、资源配置集聚规律。笔者随后从内部因素与外部因素两个维度分析青年科技人才成长过程中的影响因素，并根据成长规律，从培养机制、评价机制、流动机制、保障机制四个方面提出针对性优化路径。

关键词：成长规律；青年科技人才；影响因素

人才兴则国家兴。当今世界综合国力的竞争，关键是人才资源的竞争。青年科技人才已成为我国人才资源的重要组成部分。青年科技人才，具体界定为年龄在 45 岁以下，具有一定专业知识和专门技能，在科学技术的创造、传播、应用及发展中作出积极贡献的人。[①] 青年科技人才的成长有其规律可循。笔者总结新时代青年科技人才的成长规律，分析人才成长过程中的影响因素并提出针对性优化路径。

一、新时代青年科技人才成长规律理论研究的意义

（一）研究人才成长规律为我国青年人才成长提供指引

青年人才是我国经济社会发展的中坚力量。习近平总书记指出，给予青年人才更多的信任、更好的帮助、更有力的支持，支持青年人才挑大梁、当主

① 牛萍，曹凯．关于促进青年科技人才成长的若干思考［J］．中国青年研究，2013（5）：32－35，63.

角。可以看出，青年人才成长阶段是其成才过程中的一个关键阶段，而成长规律是指青年人才成长过程中在一定条件下所具有的各因素间内在的、必然的联系。[①] 回顾以往的青年人才成长过程可以发现：因之前我国人才资源不足，存在一些培养方法不符合人才成长规律的情况，甚至有时候培养模式会违背人才成长规律，进而影响人才的后续发展与使用。对青年科技人才成长规律的理论研究可以厘清青年人才成长中各影响因素间的关系，梳理其过程，总结其规律，对我国青年人才成长过程进行充分了解，是人才相关理论的重要组成部分。遵循青年科技人才成长规律，有助于了解青年科技人才的群体性特征，并根据其特征与培养过程遇到的困境提出针对性的优化路径，为后续青年人才的成长提供有效指引。

（二）研究人才成长规律为我国科技发展提供支撑

党的二十大报告强调，教育、科技、人才是全面建设社会主义现代化国家的基础性、战略性支撑。科技创新在国家建设中占据重要地位，而我国科技发展各个阶段都离不开人才，特别是青年人才，因此更应该加强对青年科技人才成长规律的理论研究。研究青年科技人才成长规律，能够厘清人才成长阶段的脉络，并根据成长规律优化完善，以提升青年科技人才的数量与素质，建设优秀的青年科技人才队伍，为进一步推动科技创新、提升我国创造潜力提供支撑。

（三）研究人才成长规律为强国有我提供理论依据

党的二十大报告中特别强调要深入实施人才强国战略，把各方面优秀人才集聚到党和人民事业中来。而青年人才更是实现民族复兴的中流砥柱，青年一代有理想、有本领、有担当，国家就有前途，民族就有希望。“强国有我”是青年人才的时代担当。探索新时代青年科技人才成长规律，有利于培养担当大任的时代新人，为我国科技自立自强提供坚实的人才保障。

二、青年科技人才成长规律的理论分析

《中国科技人才发展报告（2020）》显示，约有 3/4 的科研人员是不到 40

---

① 叶忠海．人才成长规律和科学用人方略［J］．中国人才，2007（5）：31－32.

岁的青年，青年科技人才规模不断扩大，逐步成为科研主力军。[①] 在新时代，为更好发挥人才作用，建设科技人才队伍，必须把握好青年科技人才的群体性特征。笔者结合统计数据，总结出以下青年科技人才成长规律。

（一）黄金年龄成才规律

所谓黄金年龄成才规律，即人在进行科学创造中所取得的成就与其年龄存在普遍联系，从创造到成才存在一个黄金的年龄段，也就是科学创造最佳年龄区。[②] 在以往的研究中，有学者发现人才在成长过程中具有一定的阶段性特征，而科技创新人才的成长阶段可以分为四个时期——学习预备阶段、适应成长阶段、成熟稳定阶段和全盛衰退阶段；在各个阶段逐渐增长其能力，才能转化为真正的人才。有学者通过对杰出自然科学家和重大科学成果的发明人进行统计分析，总结出自然科学发明的最佳年龄区间是25—45岁，其中成才的峰值集中在37岁，而青年科技人才的年龄正集中在这个区间内，思维活跃、创造性强，较少被传统思维束缚，也就更容易取得科技创新成果。据《中国科技人才发展报告（2020）》显示，中青年科研人员在我国科技创新中发挥重要作用，截至2021年年底，国家重点研发计划的科研人员中有4/5的成员年龄在45岁以下，是对这一规律的强有力印证。

总结归纳青年科技人才在最佳年龄段的特征，成为对黄金年龄成才规律进行理论研究的重要目标。研究显示：青年科技人才正处于最可能出成果的25—45岁最佳时间段，具有敢想敢干、精力充沛、创造力强等特点[③]，同时黄金年龄并非一个完全确定的区间，具体落实到每个人身上又会提前或推迟，运用规律时必须结合个人具体情况。遵循黄金年龄成才规律，要积极给予青年科技人才成长机会，在关键年龄阶段提供高质量重点培养，激励人才参与科技创新，提高人才生活条件，同时为青年个体提出针对性的措施建议，使之做出优质成果，助其成才。

（二）科研成果优势积累规律

科研成果优势积累规律，意味着青年科技人才的研究成果积累与其成长阶

① 高雅琪，蔡玉洁．我国高层次创新型人才成长规律探析：以中国高被引学者为例［J］．新疆职业大学学报，2021（4）：57－63．

② 王通讯．人才成长的八大规律［J］．决策与信息，2006（5）：53－54．

③ 侯秋菊，杨小宇，高铭鸿，等．我国本土青年科技人才成长态势与影响因素研究：以中国科学院青年创新促进会会员为例［J］．中国科学院院刊，2018（3）：330－335．

段密切相关，具体指科研成果的优势积累达到一定程度就会促进人才成长，而优势积累越高，人才成长就会越为顺利。[①] 以往研究显示：优势积累规律主要体现在人才的知识积累、能力积累、品质积累等方面。在青年科技人才成长过程中，科技人才通过不同方式提高自身知识水平，加快成长的步伐，积累多项科研成果，使得我国科技发展速度不断提升。根据科技人才发展报告的统计数据，统计国家自然科学奖的成果完成人信息，可得知平均年龄达44.6岁，有26个团队平均年龄不足45岁，占比所有项目的56.5%，年轻化趋势较为明显，同时青年科技人才的成果产出已跻身世界前列，具有较大发展潜力。

一方面，遵循科研成果优势积累规律，青年科技人才在研究过程中不断地积累知识与能力，精益求精，获得有效科研成果，就可以进一步获得研究资源和奖励，是其成才的一个关键环节。另一方面，正是因为存在科研成果的优势积累，青年科技人才在成长过程中可能会面临马太效应，即使有着优秀的研究能力，但因为科研成果还未完全进行转化，权威机构需要一些时间认可其成绩，存在一定的滞后效应，因此在进行职称评定、颁发奖项时，青年科技人才得到的荣誉同前辈相比较少，容易影响其工作积极性。如何创新地运用该规律，规避其劣势，是青年科技人才成长规律研究的一个重点。必须在青年人才符合科技发展需要时，大胆进行破格提升，给予其更多的锻炼机会，积极开展青年科学家专项计划，为青年科技人才进行科技创新提供制度便利；同时要意识到实践成才的重要性，理论为基，实践为本，为青年科技人才提供参与研究的实操机会，帮助其积累研究成果优势，激发其创造潜力。

（三）资源配置集聚规律

资源配置集聚规律将研究重点放在人才成长的外部环境上，具体指在青年科技人才发展过程中，人才会有意或者无意地倾向于集聚在某一特定区域，逐渐形成人才集聚高地，在其中进行资源集中配置以发挥最佳效能。有学者曾经专门从区位导向、产业带动、洼地效应、需求驱动、市场导向、集聚效应六个方面研究人才集聚规律。[②] 进入新时代，我国科学技术部在全国设立了38家科技领军人才驱动中心，搭建专业化平台开展集聚工程，同时各地均采用多种渠道整合资源、集聚人才，例如天津、吉林、宁夏等多地先后开展“青年人才托

① 瞿群臻，王嘉吉，唐梦雪，等．基于逻辑增长模型的科技人才成长规律及影响因素研究：以海洋领域科技人才为例［J］．科技管理研究，2021（12）：157－164.

② 张玉兰．把握人才集聚规律　推进人才集聚工程［J］．中国人才，2005（23）：30－31.

举工程”，将人才与科研进行有机结合，中关村人才特区则实施人才高聚工程，开发新产业园区，优化产业结构，加快产学研融合进度，这些都是资源配置集聚规律的重要体现。

资源配置集聚，意味着将人才聚在一起建成人才高地，系统化合理配置科研资源，有利于产生一定的辐射效应，形成各专业人才优势互补、强强联合的有利局面。但同时也必须注意：科研与生活等各方面资源的集聚，一定程度上会引发资源分配不均、社会保障不足等问题，不利于青年科技人才的成长发展。遵循资源配置集聚规律，一是要优化青年科技人才的研究环境，为其提供科研资源与生活保障；二是要优化产业结构，以产业集聚带动人才集聚，使人才成长与科技发展相匹配；三是要大力发展人才集聚工程，更好发挥人才集聚效应，构建良好的青年科技人才成长的外部环境，以此推动青年科技人才的素质提升。

三、青年科技人才成长的影响因素分析

青年科技人才的成长过程离不开各种因素的影响，对这些关键因素进行分析，是掌握青年科技人才成长规律与影响机制的关键。通过对上述三大规律的总结归纳，综合文献资料与统计数据分析，对于在青年科技人才成长过程中起重要作用的关键影响因素可以从内部因素与外部因素两个维度分别进行阐述。

（一）内部因素

青年科技人才成长的内部影响因素，是指人才主体的内在素质，内部因素在人才成长过程中起核心驱动作用。[①] 在本研究中，新时代的青年科技人才的成长过程内部关键因素可分为生理因素、能力因素、品格因素三个部分，具体分别是健康的身体素质、创新思维与专业知识基础、刻苦钻研与团队协作精神。

1. 生理因素：健康的身体素质

健康的身体素质是青年科技人才成长的重要前提。一些科技实验需要科研人员夜以继日持续开展研究，因此强健的体魄是科技人才创造科研成果的重要支撑。身体素质如果差，则会缺乏精力甚至患上各种疾病，不利于科技人才开

① 李娜．基于扎根理论的高校卓越艺术人才成长影响因素研究［J］．黑龙江高教研究，2022（5）：143－148．

展研究。身体素质的好坏主要取决于遗传，但也可以通过锻炼得到增强。目前我国愈发重视青年科技人员的身体健康，在《关于开展减轻青年科研人员负担专项行动的通知》中就提出要求，要推动科研单位鼓励青年科研人员参与“每天运动 1 小时”活动，以增强科研人员的体魄，更好为科技发展作出贡献。

2. 能力因素：创新思维与专业知识基础

在青年科技人才成长过程中，起关键作用的能力因素主要是创新思维与专业知识基础。创新思维指科技人才在理论与实践需要的驱动下，以一定的理论知识和实践经验为基础，充分发挥能动性的能力，是科技人才必备的首要素质。青年科技人才的年龄一般都位于黄金年龄成才区间，在其成长阶段往往具有活跃的创新思维，能够激发其创造潜能，使其在取得科研成果上具有独特的优势。

专业知识基础是另一大关键能力因素，是青年科技人才参与科研的前提条件，即指人才在进行科学研究时必须精通本专业领域的知识。研究显示，凡是取得重大科研成果的青年科学家都对自身的研究领域有着深入的了解，具备扎实的专业知识基础。可以说，如果没有良好的专业知识基础，一切科研成果都只是留存在设想中的空中楼阁。

3. 品格因素：刻苦钻研与团队协作精神

在新时代，青年科技人才的选拔应以德才兼备为标准：不仅应具备良好的身体素质与专业能力，还更应具有坚定的精神信念与崇高的品格。影响青年科技人才成长的关键品格因素具体体现为刻苦钻研与团队协作精神。刻苦钻研指青年科研人员追求真理、不倦探索的美好品格。中国天眼团队科研成员平均年龄仅 30 岁，他们面对恶劣的自然环境和从零起步的科研项目从未退缩，怀着对真理的无限热爱，不断攻坚克难，十几年只做一件事，实现了天眼项目从 0 到 1 的突破。

除了刻苦钻研精神，青年科技人才的成长离不开团队合作精神。在科技夜以继日飞速发展的今天，科研成果的取得已经很难由个人完成，必须借助团队的力量。青年科技人才需要具备合作沟通能力，在团队合作中激发个人潜能，攻坚克难。例如，北斗卫星团队核心成员主要为 35 岁以下的青年人，他们分工合作，24 小时交替值守在微小卫星创新研究院运管中心，即使条件艰苦也从未放弃，最终取得了举世瞩目的成就。

（二）外部因素

新时代青年科技人才的成长过程中的外部因素可分为自然生态环境与社会人文环境。本研究通过对文献与数据的分析，从物质、教育、社会因素这三个角度选取关键因素阐释，分别为生活条件与科研经费支持、家庭教育与学校培养、社会氛围与政策导向。

1. 物质因素：生活条件与科研经费支持

青年科技人才的成长离不开一定的物质因素支持，具体表现在生活条件与科研经费上。一方面，科技人才的成长离不开生活中最简单的衣食住行，而且青年科技人才事业刚刚起步，一般缺乏稳定的生活环境，如果物质条件不足以维持人才的基本生活所需，必将造成人才的流失。当前，国家重视青年科技人才的生活条件，强调要提高人才补助待遇，保障合理薪酬待遇，让人才无后顾之忧。另一方面，科研经费的缺少已成为我国青年科技人才成长的主要问题。中国科学院对 35 岁以下青年科研人员进行调查，其中认为自身科研工作因为经费短缺而受到影响的比例已达到 40.5%。虽然目前已经有一些针对青年科学家的科研项目与计划，但是资助范围较窄，竞争压力过大，不利于人才从事科研工作，因此保障科研经费支持成为影响青年科技人才成长的一个关键因素。

2. 教育因素：家庭教育与学校培养

教育因素是外部因素的一个重要组成部分。其中，家庭教育与学校培养两者均对青年科技人才成才产生重要影响。家庭是影响青年科技人才的第一环境，对人才的成长有潜移默化的作用。人从出生开始就受到父母言传身教的影响，良好的家庭教育能使青年科研人员的创新能力得到有效开发。学校培养在青年科技人才成长过程中起重要作用。青年人才虽然大多已经步入了工作岗位，但是其在学校中受到的培养教育带来的影响并不会停止。当前，高校应加强新时代科学家精神培育，开设增强学生实践能力的课程，培养品学兼优的青年科技人才并促使其在工作岗位中保持学习，不断完善优化自身。

3. 社会因素：社会氛围与政策导向

从社会因素切入，社会氛围与政策导向成为人才成长过程中外部社会环境的关键影响因素。社会氛围是一个重要因素，积极活跃、热衷于交流的社会氛围为青年科技人才的培养孕育了良好的土壤，有利于人才科技创新思维与能力的形成，加深团队合作与沟通，以不断提升其科研水平。同时，政策导向是影响青年人才成长的另一重要因素。近年来，国家陆续出台有关青年科技人才队伍建设的相关政策，例如发布《关于开展减轻青年科研人员负担专项行动的通知》等文件，开展青年人才托举工程等活动，为年轻的科研人员创造出学术成果提供便利条件，促进其茁壮成长，体现了国家对青年科技人才的重视程度。

四、探索人才成长规律发挥作用的优化路径

青年科技人才的成长与发展离不开培养、评价、流动与保障等方面。针对这些方面，笔者的研究遵循上述成长规律，探索促进青年科技人才成长的优化路径。

（一）以教育为核心，完善人才培养机制

根据黄金年龄成才规律，青年科技人才的年龄集中在25—45岁这一科学创造最佳年龄区内。要积极给予青年人才成长机会，在关键年龄阶段提供高质量重点培养，激励人才参与科技创新。因此要完善人才培养机制，多措并举促进青年科技人才成长。一方面，加大对青年人才的培养和支持力度，主要通过开展青年科技人才支持项目，实施重大青年人才托举工程、基金项目，颁布奖励政策等，给予青年人才充分支持；另一方面，结合实际，明确青年人才各层次比例，根据青年科技人才的科研水平设立梯队，因材施教，进行针对性人才培养，提升人才培养效率与水平。

（二）以用为方向，改革人才评价机制

科技成果优势积累规律显示：青年科技人才可以在研究过程中不断提升知识与能力，积累自身优势，但可能在成长过程中面对马太效应，即使有着优秀的研究能力，也可能在获取科研资源与经费支持时存在困难。因此，要改革人才评价使用机制。一是建立适合青年科技人才的评价标准。明确要遵循人才成长规律，以品德、能力、业绩为导向，完善评价标准，创新评价方式，科学客观公正评价专业技术人才。二是建立分类人才评价体系。健全科学的人才分类评价体系，体现不同职业、不同岗位、不同层次人才特点，解决目前青年科技人才评价中存在的分类评价不足、评价标准单一、评价手段趋同等问题。三是

适当延长考核周期。针对青年科技人才科技成果转化存在一定滞后性这一现象，延长考核周期，以充分给予青年人才成长机会，提升人才素质水平。

（三）以引为关键，强化人才流动机制

由资源配置集聚规律分析可知，建立人才集聚高地，系统化合理配置科研资源，有利于产生一定的辐射效应，形成各专业人才优势互补、强强联合的有利局面。因此，要运用这一规律，强化人才流动机制。一是要畅通党政机关、企事业单位、社会各方面人才流动渠道，放宽人才流动限制。二是要探索高层次人才多种流动方式，以用为本，鼓励科技人才通过规划咨询、项目合作、联合研发等方式柔性流动。三是建设科技创新服务平台以集聚人才，优化产业结构，以产业集聚带动人才集聚，促进资源有效配置。

（四）以保护为重点，健全人才保障机制

青年科技人才的成长离不开外部因素发挥的保障作用。稳定的外部环境有利于集聚人才，为经济社会发展贡献力量，因此要健全人才保障机制，促进青年科技人才成长。一是结合实际提供生活保障。针对青年人才住房、子女教育、家庭健康等切身需求，给出一系列保障措施，包括提供公租房和对接优质教育资源、医疗服务等，解决青年人才后顾之忧。二是在政策导向、科研经费等方面给青年科技人才以一定的倾斜。设置针对性政策，为其科研经费申报、教育培养等提供便利。三是增强对人才的重视。坚持尊重劳动、尊重知识、尊重人才、尊重创造，完善人才战略布局，营造渴望知识、追求创新思维的良好社会氛围。

（蒲俊帆，西南大学硕士研究生；王斌，西南大学教授、博士生导师）

高层次编辑人才成长的规律及开发对策

郑灿平

摘　要：研究高层次编辑人才意义重大。笔者提出论证了编辑大家和名编辑人才成长的五大规律，并根据这五大规律，联系实际，探讨了新时代下编辑大家和名编辑人才开发的对策和措施。

关键词：编辑大家和名编辑人才；成长规律；开发；启示

所谓高层次编辑人才，指编辑大家和名编辑人才，具体包括：①具备正高级职称的人员；②普遍被外界认可为学者型专家的人员，即编辑大家和名编辑人员；③创新复合型人才；④创新领军人员。

现代的图书、报纸、期刊、音像制品、电子刊物、互联网出版物等都属于编辑工作范畴。编辑工作是整个出版工作的中心环节。编辑工作在出版工作中的中心地位，是由出版特有的性质、特点以及出版要素的结构功能所决定的。编辑工作对出版工作的全局具有关键性的作用和影响。出版工作的社会作用主要是通过出版物的思想文化内容来体现的。出版物的思想文化内容虽然主要靠作者提供，但要通过编辑的收集信息、策划选题、审读、加工作品以供复制并向公众传播。可见，编辑工作对社会发展的能动作用主要是通过编辑来实现的。因此，研究编辑大家和名编辑人才的成长规律及开发尤为重要，它对于加快编辑大家和名编辑人才发展机制改革和政策创新具有极大的启发性。要做到科学开发编辑大家和名编辑人才，必须正确把握编辑人才的成长规律。

一、成长中的师承效应规律

编辑大家和名编辑人才培养过程中的师承效应，是指编辑大家和名编辑人才在教育培养过程中，让徒弟的德识才学得到师傅的指导、点化，使徒弟在继承与创造过程中少走弯路，达到事半功倍的效果，甚至逐步形成“师徒型人才链”。一个好的编辑大家和名编辑的成长需要一个好老师的传帮带。编辑这个行业，很多时候是手把手相传的。当然，成才还要靠自己努力和创新。

我国老一辈的许多编辑大家和名编辑家如鲁迅、瞿秋白、郭沫若、邹韬奋、叶圣陶、茅盾、巴金等人既是伟大的作家又是编辑出版大家。我们在现代出版史中可以清晰地看到编辑大家和名编辑出版家传授技艺的故事。例如，名震中外的商务印书馆创建人张元济是中国出版事业中有远见、有魄力的编辑大家和名编辑出版家，带领一批优秀人才，着手编辑出版当时最受读者欢迎的教科书。在张元济培育下，商务印书馆不断发展、壮大。茅盾在大学毕业后到商务印书馆工作，因商务印书馆聚集了众多人才，在师承效应下，茅盾不久成为伟大作家和名编辑出版家。他的代表作有《子夜》《春蚕》《林家铺子》等，就是最好的典型案例。生活书店在创办人邹韬奋的带领下集聚了各类学科的专门人才。可见，无论是商务印书馆、生活书店，还是人民出版社、生活·读书·新知三联书店、人民文学出版社、人民教育出版社，都是依靠杰出人才优势发展壮大起来的。由此也证明了师承效应是一条人才成长规律。

根据上述规律，培养高层次的编辑大家和名编辑出版人才要重视发挥师承作用。因此，笔者认为，编辑出版业也要建立导师制的人才开发体系。第一，建立导师制。出版社需要有高级职称的编辑大家、知名编辑或有丰富经验的编辑人员帮带青年编辑。第二，开设人才培养系列课程。出版社需要聘请有高级职称的编辑大家和名编辑定期给青年编辑讲授出版编辑业务课，以及举办专题演讲或邀请外来专家学者授课等。

二、成长过程中的扬长避短规律

金无足赤，人无完人。所谓扬长避短成才规律是指：成才者大多是扬其长而避其短的结果。许多编辑出版人才的成长案例证明他们之所以成为编辑大家和名编辑出版家，首先是有兴趣，其次是有相关才能。

根据扬长避短成才规律，出版行业该如何用人？

第一，必须改革用人制度，实行公开招聘制度，建立健全单位人员聘用制度。企事业单位要变人员管理为岗位管理，进一步规范科学设岗、公开招聘、竞争上岗、合同管理、考核等重点环节。

对于出版业用人制度如何改革，笔者认为有三种方法：①设岗择人。在出版业进入现代编印生产程序的条件下，出版物通常是文化商品并发挥它的相应作用。出版社首先是要设好岗位，以利于管理好人才、用好人才。比如，各编辑策划部议定任何一个选题，从信息采集、市场调研、开选题研讨会、开调研会、决定选题，到落实到负责选题策划的编辑、项目编辑、组稿编辑、审读编辑、责任编辑、文字编辑，再到图书出版和销售的全过程，每一道工序都要合理设岗。其中，哪一个岗位出现了失误，对出版社都如同“断裂了链条”而难以运行。②竞聘上岗。全社编辑和其他人员根据出版社岗位的数量、要求，以自己的能力和业绩经考核后，参加竞聘上岗。③领导、专家评审。领导、专家根据每一位竞聘者的个人能力和业绩综合性评审来决定岗位人选，做到岗位到人、责任到人、效益到人。哪一道工序、环节出现了失误，都有责可查。

第二，建立岗位分析制度，明确各岗位用人要求，为适才适位奠定基础。

第三，对员工进行职业生涯规划指导。根据扬长避短成才律，分析各员工的兴趣爱好、素质结构、专业特长，然后根据个人特点进行职业生涯规划，使其适才适位、人尽其才、才尽其用。

总而言之，就是把人才适当安排到既能发挥长处，又能使其短处受到抑制，或者不至于影响完成任务的岗位上。历史证明，用人所长的方略对人才辈出和社会发展起到了积极的促进作用。

三、创造成长过程中的最佳年龄规律

最佳年龄成材率的含义是：人在学习和创造的最佳年龄内学习和创造，其取得成果的可能性最大，质量最高，数量最多，速度最快。人才成材有个最佳的年龄段——一般在25—45岁，峰值为37岁。该规律也是统计学规律、概率性规律，就是说“多数人如此”。编辑大家和名编辑人才的成长规律同样如此。

在我国编辑大家和名编辑队伍中，出现过像鲁迅那样25岁“俯首甘为孺子牛”的编辑大家；像邹韬奋那样29岁全心全意为大众，发奋提高出版物质量的编辑大家；像叶圣陶那样21岁一心耕耘，“俯仰两无愧”的编辑大家等。他们都是编辑大家和知名编辑中的杰出人才。

出版业如何根据最佳年龄成材律，实行及时起用方略呢？笔者认为，第一，应制定并实施“最佳期起用人才”的政策：①制定“人才梯队建设方案”。对最佳期人才委以重任；出国培训要照顾到青年编辑；符合条件的中青年人才，晋升高级专业技术职称不受指标限制。②建立人才选拔竞争制度。破除论资排辈的旧习惯，引入岗位竞争机制，设立专业技能评比、业绩评比、团队推荐、公开投票等，实行公开透明的人才选择方式，让中青年人才脱颖而出。③设立“中青年编辑人才开发基金”。对45岁及以下的骨干编辑大家和名编辑人才提供创新经费资助。

第二，要研究和掌握各类编辑大家和名编辑人才创造的最佳年龄，例如分别研究责任编辑人才、策划编辑人才、项目编辑人才、文字编辑人才、美术编辑人才等进入编辑大家和名编辑成长的最佳年龄，从而为科学使用人才提供科学依据。

第三，打破单一技能模式，培养复合型编辑大家和名编辑。出版业编辑人才门类众多，包括策划编辑、项目编辑、责任编辑、审读编辑、文字编辑、网络编辑、数字编辑等，专业分得过细，不利于市场竞争和发展。单一专业编辑工作远不能适应现代出版现状需求，必须改革创新，培养复合型创新编辑大家和名编辑人才，培养创新型领军编辑大家和名编辑人才。

四、成长中的马太效应规律

人才作出贡献是一件不容易的事，而这种贡献得到社会承认就更不容易。社会对已有相当声誉的科学家等作出贡献给予荣誉越来越多，而对那些还未出名的科学家则不肯承认他们的成绩。这种现象被称为马太效应，是一种社会惯性，不利于年轻人才脱颖而出。针对马太效应规律，人才工作不仅要关注已经成名的“显人才”，更要给予那些展望前途的“潜人才”以大力支持。编辑是“杂家”有很强的文化适应性。如何突破马太效应规律，笔者认为，编辑应是“外行中的内行，内行中的外行”，因为是“内行”也能得到社会的承认和肯定，也能成为专家和学者，同样可以得到国家最高荣誉奖。

第一，编辑出版人才要得到社会的承认，应先得到读者的承认，而要得到读者认可，就必须了解市场和读者需求，科学规划选题，只有这样才能得到社会认可，突破马太效应。

第二，中青年编辑人才绝大多数属于潜人才范围，如何争取社会承认：①利用互联网功能，宣传人才业绩。互联网具有传播快，传播面广，传播不受权威、出版控制约束的特点。信息时代将打破人才梯度影响的效应，因此作为编辑出版人才应自己利用互联网这个平台，充分展示自己的才能、业绩，扩大影响力。②建立一个业绩面前人人平等的人才评价指标体系。即人才评价指标中，以业绩为重点，包括一定时期完成的工作量，如策划编辑出版的各种形式的稿件、项目、图书、杂志的数量，一定时期内所取得的成果或获得的各种奖项。使青年编辑能够参与申报全国性的优秀编辑等奖项活动，使青年编辑脱颖而出。③评选过程一定要公开、公平、公正竞评，防止结帮拉票、徇私舞弊等，在标准上人人平等。

五、管理过程中的期望效应规律

人们从事某项工作，采取某种行动的行为动力，来自个人对行为结果和工作成效的预期判断，这是现代管理激励理论的一个重要发现。比如，编辑在策划选题时，还应进行市场营销策划。编辑要适应激烈的市场竞争考验，保证出版物的社会效益与经济效益双佳目标落实。编辑大家和名编辑人才管理激励机制配套政策的预期制定有利于保证出版物全流程顺利进行。编辑大家和名编辑人才与其他人员的积极性也将被调动起来。这种期望效应规律很适应对现代出版人才的管理。

根据出版业编辑人才管理过程中的期望效应规律，如何制定激励策略？笔者认为：第一，要开展人才职业生涯规划设计，展示人才未来的职业前景，采取各种保障措施，帮助人才实现理想愿景，进而提高期望值。如果一个人看不到职业前景，职业愿景得不到实现，则其积极性也就受损失了。第二，应根据人才需求制定人才激励政策，坚持物质激励和精神激励相结合的原则。应依据员工的实际能力和贡献来设计薪酬方案和福利标准。第三，对于编辑负责的创新选题或连续多年被评为知名著作的图书给予奖励。反之，在策划选题和市场营销策划方面如有失误，也应承担经济损失的责任。

（郑灿平，华东师范大学出版社副编审）

潘光旦对人才规律的研究

钟祖荣

摘　要：潘光旦是现代中国人才研究的代表性人物，在人才学史上有重要的学术影响。他提出了由原料、培养、出路构成的人才问题框架，形成了“选择—分布”的宏观人才理论和“遗传定程度、环境定方向”的微观人才理论，还对艺术人才和区域人才的形成规律进行了研究。他的研究对今天人才学的研究和发展仍然有借鉴价值。

关键词：潘光旦；人才规律；分布；选择；遗传；环境

潘光旦是现代中国著名的学者，在许多方面都有造诣，在人才研究方面尤其突出，其成果值得梳理、借鉴、研究。我国人才学界对潘光旦的人才思想也有一些研究，但都比较有限，盖因为资料搜集的缘故作罢。自 1994—2000 年北京大学出版社连续出版《潘光旦文集》共 14 卷之后，潘光旦的文稿就比较齐全了，这给笔者系统研究提供了便利。笔者试图对潘光旦关于人才规律的研究作相对系统的梳理与评介。

一、潘光旦的生平著作与人才研究

潘光旦（1899—1967 年），江苏宝山人；1913—1922 年在北京清华学校就读九年，受到较为系统的新式教育和留学预备教育；1922—1926 年先后在美国，在达特茅斯学院、哥伦比亚大学留学并获得学士和硕士学位；1926 年回国，其后在上海光华大学、复旦大学、清华大学、西南联合大学任教，曾经担任清华大学、西南联合大学教务长、社会学系主任，清华大学图书馆馆长；1952 年以后到中央民族学院任教；1967 年病故，终年 68 岁。政治方面，潘光旦于 1941 年加入中国民主同盟，是中国民主同盟第一届、第二届中央常委，第一届至第三届委员；1954 年任全国政协委员。

潘光旦学术造诣较高，涉及领域较多，是民族学家、社会学家、人才学家、教育家，且著述丰硕。北京大学出版社出版有《潘光旦文集》共14卷，包括他的专著、文集、论文、译著等，合计600多万字。潘光旦在翻译西方学术著作方面也成绩斐然，翻译了《人类的由来》《自由教育论》等著作。他对家族制度、家谱、治学方法与通才教育等许多方面都有深入的研究，大体包括了从个体（遗传）、家庭（婚姻、家庭）、家族，到区域、社会、国家等各个层面的问题，在社会学等领域影响颇深。

潘光旦在人才研究方面既有明确的研究意识，也有持续的研究行动，并出版了可观的人才研究专著和论文，形成了自己的人才理论体系。

潘光旦有非常明确的人才研究意识。首先，体现在他对人才研究有浓厚的兴趣。他在《明清两代嘉兴的望族》自序中明确地说："我近年来于教读之余，有两个比较感兴趣的研究题目：一是家谱，二是人才"[①]。书中具体描述了他的已有成果及预期目标以证明其兴趣。其次，他是把人才研究当作一个领域、一门学问看待的。他说："人才研究是一个大题目，范围异常广阔"[②]。他使用了"人才研究"或"人才的科学研究"这样的词语表述这个领域。他提出了研究人才的三个学科视角，即人文地理学、人文生物学、文化学，分别研究人才的地理分布、遗传依据、师承派别等，说明他是有理论框架和研究武器的。最后，他对人才研究的中外历史十分熟悉，阅读了高尔顿许多学者的著作，也了解国内的研究动态。潘光旦认为：

> 人才的科学研究，就在西洋，也不过有了六十年的历史。在中国，画才的研究虽尚无人着手，别种人才的研究，在十年前也就有了。梁启超、顾颉刚对于清代的朴学大师，丁文江对于史传上的人物，朱君毅对于现代人物，张耀翔对于清代进士，胡适对于三百年来的女作家，最近沪江大学教授夫人莱姆荪又就密勒氏评论报社出版的《中国名人录》，著为《中国近代名人研究》一文——综合起来，不能不说是很可观的一个开端了。[③]

在《中国伶人血缘之研究》中，他还对"西洋人才研究"进行了梳理，并且他还搜集到一本美国人对戏曲演员（伶人）研究的著作《美国的优伶世家》（1906年）。

潘光旦进行了持续的人才研究，出版了丰硕的人才研究成果，就专著而

① 潘乃穆，潘乃和．潘光旦文集：第3卷［M］．北京：北京大学出版社，1995：253.

② 潘乃穆，潘乃和．潘光旦文集：第8卷［M］．北京：北京大学出版社，2000：302.

③ 潘乃穆，潘乃和．潘光旦文集：第8卷［M］．北京：北京大学出版社，2000：304.

言，主要有《中国伶人血缘之研究》（1941 年）、《明清两代嘉兴的望族》（1947 年）；就论文而言，主要有《中国画家的分布、移植与遗传》（1930 年）、《人文史观与“人治”“法治”的调和论》（1931 年）、《近代苏州的人才》（1935 年）、《科举与社会流动》（1947 年）等。这些成果，就研究时间上看，跨度约 20 年，不可谓不长；就研究领域看，既专又广，专在对艺术人才的研究，涉及戏曲演员（伶人）、画家、音乐家，广则涉及古代科举制度中的人才选拔，以及工业人才、组织人才、科技人才等现代型人才；就研究对象看，既有专以一种人才的品类作对象而不限于地域的，如画家、伶人，也有专以某一地域的人才作对象而不限于品类的，例如对苏州人才的研究；就研究方法而言，不论专著还是论文，主要都是通过扎实的实证研究而出的成果，都是基于籍贯、家世、婚姻等家谱资料等进行统计和分析而得出的结论，而非简单的一般议论；就成果数量讲，专著与论文的数量也是不少的。

1934—1937 年，潘光旦在清华大学社会学系专门开设了“人才论”的课程，开展了“人才论”的教学。一般说来，在大学开设课程，应是一门学问，或至少是有相当研究深度的领域。这也说明“人才论”在当时具有一定的学术地位和价值。课程的简介是：

> 此学程目的在于明了人才与人文演进之关系。其注意之点为：人才之形成；人才之时空分布；人才在阶级间之流动；人才之维持与增益；天才论与伟人史观之评论；人文史观与其他史观的调和。①

由此课程介绍，可以看到当时课程的主要内容和目的。从今天来看，这些内容在揭示人才规律、分析实际问题、探讨各派观点上，也是很有一定深度和广度的。在当时大学中开设此课程，依据资料看仅此一家。

二、潘光旦构建的人才问题框架

我们知道，研究与问题是密不可分的。作为“人才研究”这一领域，都涉及哪些需要研究的问题？这是学者要弄清楚的。潘光旦对这一问题有三个方面的论述。

第一，是人才问题与人口问题的关系。潘光旦从人口问题出发谈人才问

① 吕文浩. 中国现代思想史上的潘光旦［M］. 福州：福建教育出版社，2009：72.

题，指出人口问题有量和质两个方面，所谓质的问题，其实就是人才问题[①]。他还把人口问题与民族问题相联系，认为很多人承认中国民族问题的根本问题之一是人口问题。这也说明潘光旦是把人才问题放在民族发展的大背景下看待的，是有很高站位和社会情怀的。我们今天研究人才问题，也常常与人口、人力资源、经济增长等联系起来，把人才问题放在一定的系统、背景和联系中去看其意义。

第二，是人才问题的具体内容。潘光旦提出人才问题主要包含三个部分，包括原料问题、培养问题、出路问题。[②]原料问题就是人才的起点、开端、基础，是由遗传带来的。培养问题就是人才的造就。人才造就不单纯是教育，而是改良经济环境、推广教育机会、促进训练方法。出路问题就是人才的运用问题，即培养出来的人才能否找到合适的位置，发挥其才能和作用。出路问题是人才问题已否解决或已经解决到何种程度的唯一的测验[③]（这里测验指检验），这说明出路问题很关键，且出路问题很复杂。潘光旦认为：

> 出路问题是一个政治、经济、社会的问题……经济的分配是公允的，一般社会对于人才的态度是尊敬的、维护的、赏鉴的，而不偏重于某一种或某几种才能的表示而抹杀其他，一个人才有出头与发展的可能……此种环境的开辟，端赖一种宽大的人文思想的教育。[④]

第三，是现实的人才问题与解决导向。潘光旦不是抽象地谈人才问题：一方面他有逻辑的划分；另一方面他又切中实际问题，用“人才消竭”一词来描述当时的问题，说所谓消竭，一是人才数量不多，二是人才中的“才”的程度不够格，质量不高。如何解决这个问题？潘光旦认为：“避免人才的消竭……我们目前的努力，似乎只限于培植一个分题上……不是努力不得其法，便是没有努力。”[⑤]

---

① 潘乃穆，潘乃和．潘光旦文集：第9卷［M］．北京：北京大学出版社，2000：304．
② 潘乃穆，潘乃和．潘光旦文集：第9卷［M］．北京：北京大学出版社，2000：305．
③ 潘乃穆，潘乃和．潘光旦文集：第9卷［M］．北京：北京大学出版社，2000：307．
④ 潘乃穆，潘乃和．潘光旦文集：第9卷［M］．北京：北京大学出版社，2000：308．
⑤ 潘乃穆，潘乃和．潘光旦文集：第9卷［M］．北京：北京大学出版社，2000：310．

三、潘光旦的人才理论体系：选择与分布理论

（一）关于人才定义

人才定义是人才理论的基础之一，是研究者必须界定的。关于人才的定义，潘光旦在论文中有涉及。他在《近代苏州的人才》一文中说：“‘人才’是一个很笼统的名词。什么是人才？谁才是人才？……心理学家或社会学家做一篇‘人才通论’，才有这个责任。”[①]接着他使用一种操作性的定义：“凡属有事迹功业在文字上流传下来的人，大体说来，我们都当作人才。”在《中国伶人血缘之研究》中也有阐述：“一个有才能的人，也就是除了高级的一般智力以外，又能在这许多门类的科学或艺术中的一门或多门上，表现一些特殊的兴趣、能力与成就的人。”[②]

（二）关于人才分类

人才分类也是人才理论的基础内容。在《近代苏州的人才》中，潘光旦依据一般智力和特殊才能两个维度，把人才分了三类：第一类是智力高、才能多的人；第二类是得其一偏的人，或智力特高，或多才多艺；第三类是在特殊才能中得其一二的人，例如画家等。他在《中国伶人之血缘研究》中指出，一般智力有高下，特殊才能有品类上的差别和程度上的参差。在人才才能的程度上，他是注重差等的，是不齐的。在人才的类别上，他把人才的类别称为“人的才具”或“流品”，并把人的才具分科学和艺术两大门：在科学人才中，分为数学与逻辑、物理、化学、生物学、心理学、社会科学；在艺术人才中分为舞蹈与扮演、建筑、雕塑、绘画、音乐、诗与戏剧共六个阶梯。应该说，这种对领域的分类已经比较细致了。他还借用生物学上的“变异”和“多形现象”，主张补充人才的种类，多培养杰出人才，这样一个民族的文化表现也才能丰富和发达。

（三）关于人才规律

人才成因与规律是人才理论的核心。潘光旦剖析了历史上关于人才出现的

① 潘乃穆，潘乃和．潘光旦文集：第9卷［M］．北京：北京大学出版社，2000：126.

② 潘乃穆，潘乃和．潘光旦文集：第2卷［M］．北京：北京大学出版社，1994：84.

各种不科学的观点。并在《中国伶人血缘之研究》等研究中对人才成因作了比较系统的有科学依据的阐述。他认为："人才的种类虽多，而其所由产生、维持与增益的原理，却只有一条或一样的几条。"[①]这个原理是什么？他在《中国伶人血缘之研究》中提出了两个核心概念，一是分布，二是选择。具体来说有三个方面，一是平面的分布，即地理的分布；二是时代的分布，即遗传在各代之间的分布；三是高度的分布，即人才在不同社会阶层之间的分布。人才在分布上呈现一定的现象，而这些现象背后又蕴含着一定的规律。比如中国人才地理分布的先北后南现象，或所谓南移的走势，一定有相关因素起作用。他基于"社会选择论"的观点，认为是三种选择产生了三种分布。平面或地理的分布是由于移植、迁徙造成的。移植就是自动地避免恶劣的旧环境而寻觅良善的新环境。时代或血缘的分布是婚姻选择造成的。阶层的分布是社会流动造成的。社会流动就是选择适宜的阶层，选择适宜的社会和文化环境。综合起来说，这就是人才现象的"选择—分布原理"，选择是因，分布是果。三个方面的分析体现在他的各项研究中，是一贯的。潘光旦还认为："人才问题很复杂，因缘当然也很多，但归纳起来总不出地理、生物、文化三种。"[②]这三种分布规律，实际上可以看作潘光旦对人才总体或群体规律的研究结论。

至于人才个体的成因，他又有三因素论和两因素论。在《人文史观》中，他说："人文论者则以为形成人才的因缘是极复杂的，归纳之为三类：一是属于生物遗传的，二是属于文化背景的，三是属于平生遭际的。"[③] 一人成才的程度，视三种因缘结合的程度而定。三种因缘中，首先是遗传，它提供的是原料，决定其成才的程度。其次是文化背景，即一个人所处的社会中的文化环境。最后是"遭际"，即经历，指人在成长中遇到的各种事情。因此，某种意义上，人才的成因可以归于遗传与环境二者的关系——这其实也是早期人才研究的基本问题。潘光旦由于有生物学的专业背景，所以他强调遗传的作用，具体包括两方面：一是遗传起什么作用，二是遗传起多大作用。关于遗传起什么作用，他认为：遗传决定人才的程度，环境决定人才的方向。在其编译中，潘光旦认为："一个人的才智究属向哪一种学问或哪一种事业上发挥，大体上是归环境与时代决定的……不过我们以为这种环境与时代的影响毕竟是很次要的，主要的还是一个人的才智是否属于上品"。[④] 当然，到了后期，潘光旦在

① 潘乃穆，潘乃和．潘光旦文集：第 2 卷［M］．北京：北京大学出版社，1994：87.

② 潘乃穆，潘乃和．潘光旦文集：第 9 卷［M］．北京：北京大学出版社，2000：150.

③ 潘乃穆，潘乃和．潘光旦文集：第 2 卷［M］．北京：北京大学出版社，1994：335.

④ 潘乃穆，潘乃和．潘光旦文集：第 6 卷［M］．北京：北京大学出版社，2000：244.

二者关系上的观点也更加柔和辩证一些。他提出：遗传与环境对一个人一生的影响实在是无法分轻重的，犹如水之中的氢和氧。此外，他还看到了个人努力（既非遗传也非环境）这一因素的作用：“在个人方面是不在乎环境而在乎自己本身能否刻苦努力，克服困难。”[①]这就有了一定的实践论思想，是难能可贵的。

四、潘光旦关于艺术人才分布规律的研究

潘光旦对艺术人才进行了比较多的研究，涉及画家、戏曲演员、书法家等——这主要与材料相对易得有关系。

画家研究。潘光旦对明代以前的数千位画家进行了研究，将之分为唐朝以前、唐朝、五代、宋朝、元朝，以作纵向历史的时代分布分析，又分“北六省”“中六省”“南六省”三个区域进行横向的空间分布的分析。通过研究发现：第一，画家人数随着时间的推移有所增加。他把画家数除以年代数，得到每年出画家的人数，元朝位列第一、宋朝位列第二、五代位列第三、唐朝位列第四。这种增长一方面与记载有关，越到近代记录越少遗漏，另一方面则与画业的发展有关，画品越积越多，画术越推越广，因画成名的人与日俱增。第二，从这些画家中有籍贯可查的分析，唐朝及唐朝以前，“北六省”占63%，而五代以后，“中六省”占52%—70%，呈现明显的北消南增的趋势。至于原因，他从画家迁居等人口流动方面进行了基于数据和事实的解释分析，认为总体是画家的迁移造成的，而迁移背后的原因则有政治、经济、环境等多方面因素。

戏曲演员研究。潘光旦在《中国伶人血缘之研究》中对近代戏曲演员的地理、血缘、阶层三个方面的分布规律作了量化研究。在地理分布上，以各地出戏曲演员人数排序，河北排第一位，江苏排第二位，安徽排第三位，湖北排第四位，山东排第五位[②]，非常集中。在血缘分布上，他列出了10个血缘网，有些血缘网涉及40多个家系。由于物以类聚、人以群分的隔离效应，加之婚配的影响，形成了庞大的血缘网。他还发现了“一种角色有在一个家系之中蝉联上好几代的倾向”[③]，这就是“家庭血缘型人才链”。至于阶层的分布，他发

① 潘乃穆，潘乃和．潘光旦文集：第10卷［M］．北京：北京大学出版社，2000：44.

② 潘乃穆，潘乃和．潘光旦文集：第2卷［M］．北京：北京大学出版社，1994：148.

③ 潘乃穆，潘乃和．潘光旦文集：第2卷［M］．北京：北京大学出版社，1994：236.

现一些画家的阶层为商、农、工、医等，且对具体原因进行了细致的分析解释。

书法家研究。潘光旦依据马宗霍有关著作的材料分析发现，晋朝到南朝的书法家约300人，而其中特别著名的源自8家，如琅琊王氏（约40人）、陈郡谢氏（约12人）、河东卫氏（约8人）等，合计80多人，约占1/4。分析原因，一是书法家的才有可能存在遗传，二是存在相互通婚的，如琅琊王氏和陈郡谢氏两家后代通婚已成习惯，其中既有血统的关系，也有师承的关系。

潘光旦在这些研究开始之前还谈到了一个有趣的问题，就是关于人才研究的资格和条件问题。他在《中国伶人之血缘研究》的“弁言”中说：自己平日不听戏曲，不懂戏曲，对于戏曲演员的家世、生活等，无论搜访得如何周到，总有几分隔膜，总有许多错误，这是不合资格的情况。当然，另一方面可以避免主观性，认识得比较客观，又有一定好处。潘光旦在画家的研究中他也说道：以画家作对象的研究虽不以“会画”“懂画”为先决条件，但“会画”“懂画”的人来作画家的研究，则可“多搔到痒处”。他强调了对于各个专门领域的熟悉程度对专门人才研究是有影响的。这值得现在的研究者们采纳。

五、潘光旦关于江苏人才与嘉兴望族成因的研究

区域人才、地方人才①是潘光旦研究的一个重要方面，这与其分布特别是地理分布的理论相关。江苏是人才辈出之地，又是其故乡，潘光旦比较熟悉，自然引起了其研究兴趣。他对江苏人才的研究最着力的是两个，一是苏州的人才，二是嘉兴的望族。苏州的人才涉及多类，而对嘉兴望族的研究是潘光旦试图“打通家谱和人才两个题目”的出发点。

对于苏州人才的研究，潘光旦在《近代苏州的人才》一文中，阐述了中国人才分布迁移的规律以及江苏人才在其中的地位。潘光旦认为：

> 中国人才分布的变迁，大势上和人口的膨胀散播很相仿佛。我们人口的散播，是从西北到东南，即从黄河流域转入长江流域，尤其是长江流域的下游。人才分布的变迁也有同样的趋势。最初是集中在陕西、河南、山东诸省，秦汉而后，便转而至南，而以江、浙、皖、闽、赣诸省做集中之点。最近数百年内，一般的人口膨胀，与人才的发达，又有自东南转入西

① 潘乃穆，潘乃和．潘光旦文集：第3卷［M］．北京：北京大学出版社，1995：260．

南的倾向，于是广东、广西、湖南以至于云南、贵州也将次有繁荣的气象。①

这段变迁规律写得非常清楚。潘光旦对苏州人才分门别类进行考察，包括科举、政治、朴学、文艺（诗歌）、画术、戏剧等，呈现了苏州人才繁盛发达的状况，资料、数据、案例很翔实。他对苏州人才发达的原因也进行了分析，具体而言，一是苏州地域环境优良而产生了向心移徙，二是血缘遗传，三是文化与教育的作用。

潘光旦研究的嘉兴望族的问题是嘉兴作为人才的渊薮与许多望族之间有什么样的联系。他依据《嘉兴府志》《嘉禾征献录》以及谱牒、家族文献、人物传记、科举试卷、人物汇传、题名录等数十种资料为基础，整理了各望族的血系分图、血系合图（即血缘网络图）、世泽流衍图，并基于这些资料进行了分析。此外，他还分析人才与望族的关系，通过多种材料的统计，发现各类人才总数中，落入血缘网中的人才占到相当的比重。可见人才渊薮与望族之间有密切的关联。②

六、潘光旦关于人才规律研究的贡献与局限

潘光旦在人才学历史上有特别重要的地位，对人才规律进行了比较深入的研究。首先，是从宏观和微观两个方面形成了自己的理论体系，形成了宏观人才（人才群体）的分布、选择的原理，以及中国人才由北向南的移动趋势，微观人才（人才个体）产生的遗传定程度、环境定方向的原理，以及血缘人才链等。这些人才原理比较能够解释人才产生的各种现象，具有比较强的说服力。其次，其研究有扎实的理论基础和实证方法。他运用了人文生物学、人文地理学、文化学、社会学等学科的理论，同时又注重运用家谱材料、统计资料进行实证分析和案例研究。最后，就其学术影响而言，潘光旦是中国社会学发展中重要的人物、在人才学方面，他不仅在20世纪30—40年代的人才研究中产生了一定影响，对当代的研究也提供了诸多借鉴。他的《中国伶人血缘之研究》《明清两代嘉兴的望族》被纳入商务印书馆出版的“中华现代学术名著丛书”中，于2015年出版。可以说，潘光旦是现代人才研究的杰出代表，其有

① 潘乃穆，潘乃和．潘光旦文集：第9卷［M］．北京：北京大学出版社，2000：128.

② 潘乃穆，潘乃和．潘光旦文集：第3卷［M］．北京：北京大学出版社，1995：378.

留学背景，受过良好的学术训练，作为学术研究者，有明确专业领域，注重学术规范，可以说既有专业精神，又有社会情怀，对学术贡献很大。

当然，他的研究有一定的局限性，而这个局限主要体现在对遗传作用的过分强调上。即使在当时，学术圈很多人对潘光旦的观点也不认同，例如社会学家孙本文就强调环境论；吴景超在《社会的生物基础》中认为，不否认遗传与成就的关系，但不承认智慧阶级因卓异的遗传而出大人物，遗传与遗传世袭完全是两回事。[①]笔者认为其研究的局限有三。第一，潘光旦在分析人才形成时，简单把因素分为遗传和环境两方面，实际上是把人才的内部因素简单归于遗传一因。其实人的内在素质，除了遗传，还有后天形成的许多内在素质，诸如能力、才能、品德、价值观等，而这些素质在人的成长中都起作用。第二，遗传只是提供条件和生理基础，后天的环境对遗传所提供的发展空间还有很大的影响。决定人才程度或水平的，其实是内部素质水平和外部环境有利程度的共同影响，而不只是内因一个方面。第三，除了内部因素和外部环境外，连接两种因素的是人的实践，特别是创造性实践。潘光旦对人才的学术研究中缺少一定的实践论，也是其局限之一。

（钟祖荣，北京教育科学研究院教授，中国人才研究会副会长）

① 吕文浩. 中国现代思想史上的潘光旦［M］. 福州：福建教育出版社，2009：82.

人才高地研究

论“聚天下英才而用之”的“聚”与“用”

——基于深入实施新时代人才强国战略的思考

唐　斌　陈诗美

摘　要：“聚天下英才而用之”是全面贯彻新时代人才工作的新理念、新战略、新举措之一，在深入实施新时代人才强国战略中具有重要地位。“聚”天下英才是深入实施新时代人才强国战略的迫切任务，“用”天下英才是深入实施新时代人才强国战略的基本要求。面向新征程，必须坚持以“聚天下英才而用之”为重要抓手，深入实施新时代人才强国战略，服务党和国家事业发展。

关键词：“聚”天下英才；“用”天下英才；新时代人才强国战略

党的十八大以来，习近平总书记先后多次对“聚天下英才而用之”作出相关论述。2021 年，在中央人才工作会议上，习近平总书记更是明确将“聚天下英才而用之”列为全面贯彻新时代人才工作的新理念、新战略、新举措之一，强调：“这是做好人才工作的基本要求。”① 2022 年，党的二十大报告也在“深入实施新时代人才强国战略”板块中提出，把各方面优秀人才集聚到党和人民事业中来。② 由此可见，我国人才强国战略在新时代迈入了新的历史阶段。“聚天下英才而用之”的战略性地位日益凸显。

一、“聚”天下英才是深入实施新时代人才强国战略的迫切任务

做好人才工作，意义深远、责任重大。当前，我国已经开启全面建设社会

---

① 习近平. 深入实施新时代人才强国战略　加快建设世界重要人才中心和创新高地［J］. 求是，2021（24）：4－15.

② 习近平. 高举中国特色社会主义伟大旗帜　为全面建设社会主义现代化国家而团结奋斗：在中国共产党第二十次全国代表大会上的报告［EB/OL］.（2022－10－25）［2023－01－30］. https://www.gov.cn/xinwen/2022－10/25/content_5721685.htm.

主义现代化国家新征程，人才工作也步入了新的历史阶段。面向国内发展新需要以及国际竞争新形势，如何“聚”天下英才成为深入实施新时代人才强国战略的迫切任务。

（一）为何“聚”：办好中国事情的关键在人才

人才作为第一资源，始终是国家发展、民族振兴的重要基础与保障。习近平总书记指出，办好中国的事情，关键在党，关键在人，关键在人才。[①] 立足新时代，面向国内发展新需要以及国际竞争新形势，中国比历史上任何时期都更加渴求人才。并且，伴随着新时代中国人才工作的深入推进，中国正处于聚世界人才的最好时期、最好阶段。由此，把准时机“聚”天下英才，进而赢得国际竞争的比较优势，是我们全面建设社会主义现代化国家的应有之义。

其一，中国的发展需要进一步提升人才效能、增强人才优势。当今世界的贸易保护主义、逆全球化思潮等长期性问题仍未破解，新一轮科技革命和产业革命正在加速推进，围绕科技制高点的竞争空前激烈，世界创新版图仍处于未知的演化与重构之中。在此背景下，如何取得国际竞争优势、始终走在时代前列，是我们在中华民族伟大复兴新征程中需要思考与把握的重要问题。习近平总书记指出，人才是实现民族振兴、赢得国际竞争主动的战略资源。[②] 人才强国战略的大力实施使得我国在国际人才竞争中取得了显著的成就。我国人才队伍快速扩大，人才效能持续提升，人才优势稳步增强。我国人才队伍已在若干重要指标上赶超世界发达国家水平，为中华民族伟大复兴作出了巨大贡献。但是，面对国内外新形势、新发展、新要求，我国人才的原始创新能力、国际竞争能力、自我培育能力还存在较大不足，需要进一步提升人才效能，增强人才优势，尽快补足短板。

其二，进一步提升人才效能，增强人才优势，需要充分发挥人才资源的集聚效应。人才资源会因为聚集而产生“1 +1 >2”的积极效应，有利于国家建立快速传递知识的创新环境，避免知识溢出的空间局限性，促成经济社会的高质量发展。习近平总书记强调，我们比历史上任何时期都更需要广开进贤之路、广纳天下英才。[③] 当前，随着人才资源总量的快速壮大，中国已成为规模宏大、门类齐全的人才资源大国，人才工作步入了新的历史阶段。在这一阶

---

① 习近平就深化人才发展体制机制改革作出重要指示强调　加大改革落实工作力度　让人才创新创造活力充分迸发 刘云山出席座谈会并讲话［N］. 人民日报，2016 - 05 - 07（1）.

② 中共中央党史和文献研究院. 十九大以来重要文献选编：上［M］. 北京：中央文献出版社，2019：45.

③ 中共中央文献研究室. 习近平关于社会主义政治建设论述摘编［M］. 北京：中央文献出版社，2017：124.

段，如何由人才资源大国发展为人才资源强国，是中国人才工作的主线任务。这就意味着中国人才工作的推进面临着更复杂、更深层的问题。例如，人才数量增长快而人才质量提升慢、人才投入力度与原创性成果产出效益不匹配、区域间人才发展不平衡等问题较为突出。这就要求我们在更大范围、更高层次上进一步推动中国人才资源的集聚发展，促成人才效能的提升以及人才优势的增强。

其三，新时代中国正处于聚集世界人才的有利时机。历史事实证明：发展势头好、文明程度高、创新更为活跃的地方对于人才具有强大的吸引力。16世纪的意大利、17世纪的英国、18世纪的法国、19世纪的德国这些曾成为人类历史上人才中心的国家的形成轨迹皆是有力例证。习近平总书记在2021年的中央人才工作会议上明确指出，中华大地正在成为各类人才大有可为、大有作为的热土。[①] 当前中国的经济发展进入新常态，政治制度化、规范化、程序化全面推进，科教兴国战略、人才强国战略、创新驱动发展战略深入实施，正处于政治最稳定、经济最繁荣、创新最活跃的时期。与此同时，中国对外开放战略步入了高水平、高层次的发展阶段。这意味着中国对世界人才的吸引力在不断增强，正处于聚集世界人才的有利时机。由此，我们必须紧紧抓住这一时机，为全面建设社会主义现代化国家汇聚世界人才。

（二）“聚”什么：多领域具有国际水平的战略人才

全球化时代，国际合作与竞争向更高层次、更多方位不断拓展。随之而来的是，国家发展对于人才的需求也趋向高层次、多方位。在2021年的中央人才工作会议上，“加快建设国家战略人才力量”被单独作为重点阐述，其中提出：“到2035年，形成我国在诸多领域人才竞争比较优势，国家战略科技力量和高水平人才队伍位居世界前列”[②] 的具体目标。在党的二十大报告中，“加快建设国家战略人才力量”也在“深入实施人才强国战略”一栏被重点阐释。由此，对标2035年的目标要求，加快建设国家战略人才力量，我们必须着力在多领域聚集具有国际水平的战略人才，具体涵盖科技创新人才及团队、哲学社会科学名家大师等。与此同时，还要特别加强青年人才的战略储备，确保人才资源的充分涌流。

---

① 刘晓燕．大国雁阵：新时代人才强国的战略布局［J］．中国人才，2022（1）：9－11．

② 习近平．深入实施新时代人才强国战略　加快建设世界重要人才中心和创新高地［J］．求是，2021（24）：4－15．

其一，科技创新人才及团队是支撑科技力量发展的关键，是国家战略人才力量的重中之重。习近平总书记指出，人才是自主创新的关键，顶尖人才具有不可替代性。[①] 当前，中国科技发展的诸多领域还存在“卡脖子”的问题，迫切需要聚集战略科技人才、科技领军人才以及卓越工程师等大批顶尖人才，打造高水平创新团队，进而摆脱发展障碍，由“追随者”转变为占据核心技术优势、真正引领科技发展趋势的领跑者。其中，战略科技人才是引领创新团队抢占战略领域、赢得战略先机、形成战略优势的帅才。在全球科学研究趋向复杂化、系统化、协同化的背景下，只有加快形成战略科技人才梯队，才有可能抢占科技竞争和未来发展的制高点。科技领军人才是关键核心技术的攻关人才。对于“要不来、买不来、讨不来”的关键核心技术，只有聚集国内外科技领军人才，形成一批面向国民经济和社会发展关键核心技术突破的创新领军团队，才能逐步实现科技自主创新。卓越工程师是推动我国工程科技创新的主要力量，在世界产业链、供应链形态和创新格局深刻变革的背景下，作为工业制造大国，我国肩负着产业基础高级化和产业链现代化的攻坚任务，必须积极聚集建设科技强国的卓越工程师队伍。

其二，哲学社会科学名家大师是构建中国特色哲学社会科学体系、推动经济社会发展的关键变量。人类社会每一次重大跃进，人类文明每一次重大发展，都离不开哲学社会科学的知识变革和思想先导。习近平总书记指出，深入实施马克思主义理论研究和建设工程，加快构建中国特色哲学社会科学学科体系、学术体系、话语体系，培育壮大哲学社会科学人才队伍。[②] 在我国，哲学社会科学的发展与党的执政、国家治理、民族的复兴等重大问题紧密相关。当前，国内外环境日趋复杂，社会思想观念和价值取向日趋活跃，社会思潮纷纭激荡，迫切需要哲学社会科学回应世界之问、国家之需，加快构建中国特色哲学社会科学体系成为我国面临的重要时代课题。作为哲学社会科学领域的开拓者与领头人，哲学社会科学名家大师在实现理论创新、服务科学决策等方面具有不可替代的作用。为此，我们必须着眼于哲学社会科学本土化特色化发展，努力聚集哲学社会科学名家大师，充分发挥哲学社会科学对于经济社会发展的重要作用。

---

① 习近平. 深入实施新时代人才强国战略　加快建设世界重要人才中心和创新高地 [J]. 求是, 2021 (24): 4-15.

② 习近平. 高举中国特色社会主义伟大旗帜　为全面建设社会主义现代化国家而团结奋斗：在中国共产党第二十次全国代表大会上的报告 [EB/OL]. (2022-10-25) [2023-01-30]. https://www.gov.cn/xinwen/2022-10/25/content_5721685.htm.

其三，青年人才是国家战略人才力量的源头活水。从长期发展来看，聚集人才不能仅着眼于成熟人才，还要注重青年人才的战略储备，为未来人才竞争力的持续提升提供有力支撑。25—45 岁是人才成长的黄金期，这一时期人才的知识储备丰富，创造力处于巅峰，最有可能取得高水平学术成果。世界各国都把促进青年人才成长作为重要的战略选择。我国培养、引进国家战略人才的政策重心就在青年人才上。据《中国科技人才发展报告（2020）》显示，2019 年国家自然科学奖获奖成果完成人的平均年龄为 44.6 岁，最年轻的团队平均年龄只有 35 岁。从国家重点研发计划实施情况来看，参研人员中 45 岁以下的科研人员占比 80%以上，中青年科研人员的主力军地位更加突出。[①] 由此可见青年人才对于国家创新发展的重要性。我们要进一步推动青年人才培养、引进，加大对青年人才发展的支持力度，为经济社会的可持续发展储备战略资源。

（三）如何“聚”：多方面赋能人才

习近平总书记指出，我们要树立强烈的人才意识，寻觅人才求贤若渴，发现人才如获至宝，举荐人才不拘一格，使用人才各尽其能。[②] 对于寻才、求贤工作，习近平总书记始终给予高度重视。党的十八大以来，习近平总书记针对这一问题作出了多次论述，形成了一系列新理念、新战略，为更加积极、更加开放、更加有效地推进人才聚集工作提供了科学指南。

其一，以党管人才原则确保人才在社会主义现代化强国建设中形成有效合力。2014 年，习近平总书记提出择天下英才而用之，关键是要坚持党管人才原则。[③] 人才工作是为中心大局服务的，脱离了中心大局就没有任何意义。为此，作为新时代人才工作的重点，“聚”天下英才必须坚持党管人才原则，确保人才有效服务于社会主义现代化国家建设。具体而言，在“聚”天下英才的过程中，强调坚持党管人才原则，对人才发展的目标、方向、规划、路线等方面进行顶层设计、统揽全局、战略谋划、协调推进。因此，党管人才不能以简单的指令生硬介入人才工作的实际开展，而是要协调各方、明确责任、理顺关系、整合力量，使党对人才工作的指导思想和大政方针通过法定程序转化为国家意志，做好人才工作开展的服务保障和组织保证，确保人才工作合法有

① 中华人民共和国科学技术部．中国科技人才发展报告（2020）［M］．北京：科学技术文献出版社，2021.

② 中共中央文献研究室．十八大以来重要文献选编：上［M］．北京：中央文献出版社，2014：344.

③ 中共中央文献研究室．习近平关于科技创新论述摘编［M］．北京：中央文献出版社，2016：114.

效、形成合力、稳定有序。

其二，以高水平科技自立自强目标引领人才平台建设。习近平总书记在2021年的中央人才工作会议上提出，为人才提供国际一流的创新平台，加快形成战略支点和雁阵格局。[①] 一流的创新平台是人才成长的事业舞台。高水平科技自立自强呼唤高水平科技人才，而高水平科技人才自我价值的实现则需要人才平台的配套。由此，要持续推进聚天下英才，建设人才强国，要先建设能够支撑世界一流人才自由涌现、承载发展和自我实现的平台。新时代人才强国战略明确在北京、上海等地建设高水平人才高地，在一些高层次人才集中的中心城市建设人才平台，即以具有国际影响力的科技创新中心和国家级中心城市建设为基础，打造国家人才发展战略的增长点[②]，为我国进一步“聚”天下英才提供战略支撑点。面向未来，在深入实施人才强国战略的过程中，努力为全球优秀人才尤其是青年创新人才提供国际化平台，是我们持续推进“聚”天下英才的题中之义。

其三，以体制改革促进形成世界一流的人才发展生态。习近平总书记指出，要深化人才发展体制机制改革，破除人才引进、培养、使用、评价、流动、激励等方面的体制机制障碍，实行更加积极、更加开放、更加有效的人才政策，形成具有吸引力和国际竞争力的人才制度体系，努力聚天下英才而用之。[③] 可见，人才制度体系对于“聚”天下英才的重要性。人才制度体系的科学性、合理性是良好的人才发展生态形成的基础，而良好的人才发展生态又是聚集人才的基础。由此看来，深化人才制度体系改革对于集聚人才而言是前提性、基础性的举措。为此，我们要进一步“迈开人才体制机制改革的步子”。一是要打破人才流动的体制界限，落实“不求所有，但求所用”的人才共享理念，让人才能够在政府、企业、智库间实现有序顺畅流动。二是要完善好人才评价指挥棒作用，为人才发挥作用、施展才华提供更加广阔的天地。三是要建立灵活的人才激励机制，让作出贡献的人才有成就感、获得感。由此，释放人才制度体系对人才的吸引力，广聚天下英才。

二、“用”天下英才是深入实施新时代人才强国战略的基本要求

“用”天下英才是“聚”天下英才的目的。坚持以用为本，是人才发展的

---

① 中共中央党史和文献研究院. 习近平关于网络强国论述摘编［M］. 北京：中央文献出版社，2021：6.

② 孙锐. 新时代人才强国战略的内在逻辑、核心构架与战略举措［J］. 学术前沿，2021（24）：12 - 13.

③ 中共中央党史和文献研究院. 十九大以来重要文献选编：中［M］. 北京：中央文献出版社，2021：600.

基本要求，也是做好人才工作的出发点和落脚点。在新一轮科技革命和产业变革深入发展的背景下，“用”天下英才更具针对性与挑战性。“用”天下英才是深入实施新时代人才强国战略的基本要求。在“聚”天下英才的前提下，我们必须坚持贯彻落实这一基本要求，对标当前我国用人实践中的具体问题，进一步探索“用”天下英才之道。

（一）敢用：建立以信任为基础的人才使用机制

当前，我国的用人实践中还存在“不敢用”“不愿用”的问题，主要有两个方面原因。一方面，人才是事业成败的关键性因素，并且人才本身及其创新活动具有许多不确定性，这就意味着人才的任用涉及担责任与冒风险的问题。另一方面，现行的人才发展制度在人才任用方面还有待完善，“管得太多”“管得太严”“管得太僵”等问题尚未完全解决。这些无形、有形的条条框框就容易束缚任用人才的积极性与灵活性。基于此，习近平总书记指出，要建立以信任为基础的人才使用机制，允许失败、宽容失败。[①]“不敢用”“不愿用”问题的关键就在于用才者与人才之间未达成相互信任。信任是释放人才活力、创造力的闸门。建立以信任为基础的人才使用机制是破解用人难题的第一步。在新一轮科技革命和产业变革深入发展的背景下，无论是人才自身发展的需求，还是对于人才的需求，都更具多样性。因此，建立以信任为基础的人才使用机制需要从两个方面着力：一是敢于在关键岗位上用人才，根据人才发展的多样性调配人才责任制；二是敢于放手扩大人才自主权，动员、整合社会力量赋权人才。

其一，敢于在关键岗位上用人才，根据人才的多样性调配人才责任制。当前社会发展对于人才的需要呈现多层次、多样化的特征，需要基础性人才的充足配备，更需要高层次人才发挥引领作用。为此，针对基础性人才和高层次人才，在人才责任制的设置上需要作不同的考量，重点是要在不断完善基础性人才责任制的基础上，针对当前迫切需要的高层次人才调配特别的责任制。以科技领域人才为例，一是要根据科技人才自身及其团队组建的需要，在聘用之时灵活设立全职、双聘、兼职等多元化岗位，跨部门、跨地区、跨行业、跨体制调集人才，实现人才招募动态化。二是要明晰各类人才责任，与聘用人才签订科技攻关目标责任书，明确任务清单、权责清单、进度清单。三是要根据战略

① 习近平．深入实施新时代人才强国战略　加快建设世界重要人才中心和创新高地［J］．求是，2021（24）：4－15.

科学家发展需求，敢于在关键岗位上任用战略科学家，建立健全首席科学家全权负责制，支持战略科学家根据攻坚任务开列需求清单，“量身定制、一人一策”配置创新资源和新型研发机构。由此，通过关键岗位任用、特殊责任调配，有针对性地调动各类人才的积极性。

其二，敢于放手扩大人才自主权，动员、整合社会力量赋权人才。近年来，我国在项目经费管理、人才管理评价、知识价值分配等领域出台了一系列简政放权的举措，通过扩大人才自主权不断催生新的经济增长点。基于这一经验，针对当前人才自身发展的多样性以及对人才需求的多样性，我们需要在社会的多方面、多领域、多层次进一步扩大人才自主权。一是要完善事业、企业单位运行管理，在实行章程管理的前提下，强化绩效管理，明确人才激励体制机制，强化绩效工资对人才活力的促进作用。二是要突出优化科研管理，进一步简化科研项目审批、实施流程，深化科技成果评价制度改革，赋予科技领域人才更大的科研自主权。具体而言，积极推行“揭榜挂帅”制、“赛马”制，完善“企业出题、政府发榜、人才攻关”机制，赋予科研安排、团队管理、经费使用、技术路线决策等以更大的自主权，集成优势创新资源联合攻关。[①] 三是要切实改进人事管理方式，支持用人单位自主聘用人才、自主设置岗位，切实下放职称评审权限，完善人员编制管理方式。

（二）用好：多方位把握用才的策略技巧

除了“不敢用”“不愿用”的问题，我国的用人实践中还存在“用不好”的问题。这主要体现在人才使用效率不高，造成了人才资源的浪费。例如，一些单位的人才所学非所用、所用非其才，错过了发挥作用的最佳时期；还有一些单位引入高层次、高学历人才，却没有形成分工合理的人才团队，导致人不得位、才不能展。由此，我们要坚持落实以用为本的基本要求，努力用好人才，从多方位把握用才的策略技巧，如抓住时机、找准岗位、结合专长。

其一，依据人才成长规律，抓住时机用人才。人才资源与其他资源相比较，其开发更具时效性。为此，必须遵循人才成长规律，科学设计各类人才的培养模式、使用方式以及成长路径，及时把人才放到重要岗位上锻炼，让人才的潜能和价值都能得到最大程度的展现。具体而言，一方面，对年轻优秀人才一定要早发现、早扶持，让他们发挥出最大潜能。因为中青年是人一生中的黄

① 徐军海. 加快建设“卡脖子”技术攻关人才队伍［J］. 中国人才，2022（4）：21－23.

金时期，是最能做出成绩、取得成果的阶段。正如习近平总书记所强调的，对那些看得准、有潜力、有发展前途的年轻干部，要敢于给他们压担子，有计划安排他们去经受锻炼。[①] 另一方面，要统筹用好其他年龄段的人才。例如50岁以上的人才，相对年轻人才而言更为成熟稳重、经验丰富、处事稳妥，只要合理任用，同样能发挥作用。

其二，把握各类人才的特点，找准岗位用人才。习近平总书记提出，选人用人，要坚持事业需要什么样的人就选什么样的人，岗位缺什么样的人就配什么样的人，不能论资排辈、平衡照顾。[②] 一方面，要按照各类人才的不同特点去识别人才。不同的岗位需要不同的任职资格标准，而每个人的知识、技能、经验、素质也各有不同，将具有不同特性的员工匹配到不同任职资格标准要求的岗位上，才有可能进一步发挥人才的作用。另一方面，要避免用一把尺子、一个模子去衡量和使用人才。人才的素质能力处于动态发展中，岗位的要求、标准也有可能变化，我们必须以发展的眼光来考量人才与岗位适配的问题。在工作过程中对履职成果突出者予以重用，对有潜力者重点培养，对不胜任者及时调整，不断实现人岗适配，尽最大努力优化配置人力资源。

其三，面向社会发展需要，结合专长用人才。一方面，要以其价值创造、社会贡献为导向任用人才。早在1956年，周恩来同志就指出，为了最充分地动员和发挥知识分子的力量，第一，应该改善对于他们的使用和安排，使他们能够发挥他们对于国家有益的专长。[③] 企业、高校、科研机构等用人单位要充分发挥主体作用，着眼于社会发展需要，广泛收集人才刚需情况，掌握各级各类人才的技能专长，努力做到在刚需处供给、在刚需处发力。另一方面，要善于根据人才个性特点安排任务，最大限度地使其长处得到发展，短处得到克服。现今，由于百科全书式的“全才”极少，因此在人才的使用上，我们要懂得扬长避短，发挥好每一个人的长处和优点。结合专长用人才，使人才各尽其能、各展其才，才能实现社会人力资源整体配置最优。

（三）用活：多措并举激发人才创新活力

用活人才指向的并不仅仅是用人过程的“活”，更重要的是用人结果的“活”，即最终是要激发人才创新活力。创新是引领发展的第一动力，而人才

① 中共中央文献研究室．习近平关于全面从严治党论述摘编［M］．北京：中央文献出版社，2016：129.

② 习近平．在全国组织工作会议上的讲话［M］．北京：人民出版社，2018：21.

③ 中共中央文献编辑委员会．周恩来选集：下卷［M］．北京：人民出版社，1984：168.

是创新活动的关键因素。创新活动需要依托人才实施，其他创新因素也要受到人才活动的制约。因此，“用”天下英才必须着眼于用活人才。从现实问题来看，当前我国一些地方人才管理的行政化色彩依然比较明显，市场和用人主体的作用发挥不够，社会崇尚创新的整体氛围不够，一些单位人才政策执行走样，不但没有产生激励效果，反而压抑了人才创新活力。用活人才必须从破解这些问题着手。一方面，在政府人才管理层面需要进一步明确政府在人才管理中的职责边界，让市场在人才资源配置中发挥更大作用。另一方面，在用人主体层面需要督促科研院所等人才集中的用人单位把各项人才政策落实好、执行好。

其一，遵循社会主义市场经济规律和人才成长规律，让市场在人才评价和人才资源配置中起决定性作用。政府过多地进行细节性干预反而会扰乱市场对人才价值创造的评价和分配作用，容易滋生官本位文化。这就要求人才管理部门要有相应的理念转变，切实在业绩评价、组织建构等方面推动人才工作的改进。由此，一是要以人才发挥作用为导向，遵循社会主义市场经济规律和人才成长规律，破除束缚人才发展的体制机制障碍，构建体现人才价值的薪酬体系和奖励机制，切实做到一流人才一流待遇、一流业绩一流报酬，最大限度地发挥人才效能、实现人才价值，持续激发其内在创新创造活力。[①] 二是要针对承担国家创新驱动任务的特殊人才群体，建立“不能像管行政干部那样管科研人才”的配套制度，破除“官本位”的杠杆型举措，构建“科学家本位”的组织体系，给予特殊人才群体更广阔的发展空间，使其充分发挥引领发展的绝对优势。

其二，确保各项人才政策、举措在用人单位中落实。用人单位是人才治理体系的重要组成，是各项人才政策能否得到有效执行的关键所在。我国要形成人才制度优势，人才制度优势的关键在于执行，而执行的关键在于企事业单位等用人主体。人才依托用人单位从事科技以及其他领域工作，国家和各级政府出台的各项人才政策也依靠用人单位去落实。[②] 以人才的评选活动为例，如果用人单位推荐出真正优秀的人才，对广大人才而言就有了激励效果；如果有的单位以“人情”“关系”作为举荐标准，就会打击更多人才的积极性。因此，激发人才创新活力，需要政府和用人单位的合力作用。用人单位必须围绕推进工作落实，定期接受上级调研督导，及时发现人才选任、服务、保障等方面存在的问题，切实打通政策下行的堵点、难点。

---

① 陶庆华．坚持以用为本用好用活人才［J］．中国人才，2017（1）：42－43．

② 苏中兴．完善人才治理体系 激发人才创新活力［N］．中国教育报，2021－05－27（7）．

三、“聚天下英才而用之”是深入实施新时代人才强国战略的重要抓手

人才强国既是“人才强国”，也是“人才的强国”。前者强调通过人才资源实现强国目标，后者强调以强国优势汇聚人才。实施人才强国战略是中国共产党在执政兴国的历史探索和摸爬滚打中逐步形成、确认并强化的执政选择和执政自觉。立足新时代，人才强国战略的实施步入了新的历史阶段，“以人才强国”也有了更高层次的要求。“聚天下英才而用之”顺应人才强国的需要，是深入实施新时代人才强国战略的重要抓手，对于提升我国的全球配置人才资源能力、推动我国人才发展布局的结构性调整以及强化社会主义现代化建设的人才支撑皆发挥着基础性作用。

其一，坚持“聚天下英才而用之”，提升我国的全球配置人才资源能力。随着经济全球化和信息时代的发展，全球范围内人才竞争对抗更加激烈。习近平总书记在2021年的中央人才工作会议上指出，要结合新形势加强人才国际交流，坚持全球视野、世界一流水平，千方百计引进那些能为我所用的顶尖人才，使更多全球智慧资源、创新要素为我所用。① 为此，我们必须坚持“聚天下英才而用之”，进一步推进更高水平对外开放，进一步拓宽海外人才智力吸引集聚、培养发展的范围和渠道，不断提升我国的全球配置人才资源能力，与天下英才共享发展机遇，共对未来挑战。

其二，坚持“聚天下英才而用之”，优化我国人才发展的结构布局。习近平总书记提出，领导干部要胸怀两个大局，一个是中华民族伟大复兴的战略全局，一个是世界百年未有之大变局，这是我们谋划工作的基本出发点。坚持“聚天下英才而用之”也要胸怀两个大局，统筹两个大局，把握国内发展和对外开放的要求，持续优化我国人才结构布局，促进人才在地区、产业、行业和不同所有制之间的合理分布，促进我国人才队伍发挥整体功能。②

其三，坚持“聚天下英才而用之”，增强中华民族伟大复兴的人才能量。要把我们的事业发展好，就要把党内和党外、国内和国外等各方面的优秀人才吸引过来、凝聚起来。一是要以“聚天下英才而用之”强党兴党，更大规模、

---

① 习近平. 深入实施新时代人才强国战略　加快建设世界重要人才中心和创新高地［J］. 求是，2021（24）：4－15.

② 罗洪铁，周琪. 人才学原理［M］. 北京：人民出版社，2013：255.

更高质量、更有成效地培养大批党的执政骨干人才。二是要以“聚天下英才而用之”强国兴国，凝聚各领域高水平人才，实现“天下英才聚神州，万类霜天竞自由”的美好图景。三是要以“聚天下英才而用之”强军兴军，着力提升人民军队的综合素质，巩固党和国家事业的钢铁长城。

“聚天下英才而用之”的伟大实践正在改写中国的未来。未来的世界人才竞争将不再是人才数量的比拼，而是基于顶尖人才集聚度的竞争。现在，我们比历史上任何时期都更需要广开进贤之路、广纳天下英才。我们必须以深入实施人才强国战略为抓手，进一步将人才资源摆上战略资源位置，确立人才在经济社会发展中的核心地位，在大力培养国内创新人才的同时，更加积极主动地引进国外人才特别是高层次人才，“聚天下英才而用之”，让各类人才用当其时、用当适任，创新创业活力竞相迸发，为实现中华民族伟大复兴的中国梦打造坚强人才支撑。

（唐斌，法学博士，西南大学副教授、硕士生导师；陈诗美，西南大学硕士研究生）

英国和美国人才高地的形成历史及探因*

张　瑾

摘　要：处于世界科技和人才强国行列的英国和美国的科技人才发展史在发达国家中非常具有代表性。资本主义国家英国率先完成工业革命，其科技人才发展起步最早，科技实力也一直位居世界前列。新型的资本主义国家美国是众所周知的移民大国。美国在20世纪逐步建成巨大的人才库，成为吸引全球科技人力资源的“巨大磁石”。从科技人才发展的历史看，英美两国明显存在人才霸主地位的转换，这种现象有着深层次的原因。探讨英美人才高地形成的现象及其转换的成因，对我国在人力资源竞争中取得比较性优势具有一定现实意义，对深入实施人才强国战略可提供些许参考。

关键词：英国；美国；人才高地；形成；原因

处于世界科技和人才强国行列的英国和美国的科技人才发展史在发达国家中非常具有代表性。虽然英国作为资本主义国家在20世纪实力渐微，但其对世界的影响力及其自身的发展仍然是全球关注的焦点。作为工业革命的起源国，英国在科技发展史上占有重要的地位，英国科学家及其科技成果对现代经济社会有着突出贡献。虽然经历两次世界大战，英国经济发展受到严重打击，但其科技发展实力仍不可小觑，基础研究能力和创新研发能力仍然在西方发达资本主义国家中占据领先地位。这与近代以来其人才发展是分不开的。新型的资本主义国家美国是众所周知的移民大国，无疑是20世纪最富有创新活力的国家之一。直至19世纪末，与其他发达国家相比，美国在学术领域的世界顶尖科学家数量并不占优势。进入20世纪以后，美国的国家科技体制逐渐形成并不断完善，享受到国际人才流入带来的巨大效益。美国在20世纪逐步建成巨大的人才库，成为吸引全球科技人力资源的“巨大磁石”。20世纪的科技发

* 本篇论文来自国家社会科学基金项目“英美科技人才发展及其政策比较研究（1950—2000）”（17CSS034）阶段性成果。

展史上，在许多顶尖的科研领域，美国科学家所作的贡献都是其他国家科学家望尘莫及的。英美两国的科技人才发展史与其科技和经济的兴衰有着密切关系，英美两国人才的发展状况及其相关政策制定的经验和教训值得深入研究和探讨。

从科技人才发展的历史看，英美两国明显存在人才霸主地位的转换，这种现象有着深层次的原因。笔者试图探讨英美人才高地形成的现象及其转换的成因，这对我国在人才竞争中取得比较性优势具有一定现实意义，可为深入实施人才强国战略提供些许参考。

一、英美两国人才高地的形成

20 世纪中期，英国学者约翰·德斯蒙德·贝尔纳（John Desmond Bernal）最早指出了科学中心存在转移的现象。之后，日本学者汤浅光朝受其启发，通过定量研究揭示了世界科学中心的历史转移过程。他发现在近代科学兴起的 400 多年里，世界科学中心有过五次大的转移，分别是意大利、英国、法国、德国和美国，并提出科学活动中心的转移大约以 80 年为一个周期，即“汤浅现象”。这一历史现象受到历史学家、哲学家和社会学家等的极大关注。科学中心的出现一定程度上是以科技人才的大量聚集为基础的。两者密切关联且具有比较惊人的一致性。在这种背景下，人才通过聚集进而形成人才高地，是科学、经济、工业等共同发展的结果。自工业革命以来，随着全球化的加剧和人口迁移的频繁，在世界科技人才发展史上，英国和美国在不同时期成为世界的人才高地。

英国率先完成工业革命，是力学、电磁场理论和进化论的创始地，科学体制化较早出现在这里。17 世纪，专职科学工作者的社会角色开始出现，具有“科学家”特征的精英人物比例明显上升。18 世纪下半叶，英国社会的每个角落都面临巨大变化。技术发明层出不穷，新兴行业与日俱增。不少精明强干和富有进取、冒险精神的人抓住这一千载难逢的时机乘风而上，以发财致富为动机，对生产的每个部门进行全面技术改造，从而使生产力得到成百上千倍的提高。获得成功的开创者中，不仅有工业家、发明家，也有文学家、政治家；不仅有贵族富豪，也不乏平民百姓。例如理查德·阿克莱特（Richard Arkwright,

1732—1792 年)[①] 这样具有代表性的兼具发明家和企业家特征的人才成为新时代的开拓者。经过几个世纪的历练、蜕变和积累，科学家最终在 19 世纪末完成职业化的发展。英国的科学职业发展成为世界的范本。另外，英国科技教育主要的推动力来自传统大学教育机构之外。新式教育培养了大批近代资本主义社会所需要的经济、航海、科技、教育、法律等人才，正是这批人使工业革命时期的英国立于欧洲强国之首。工业革命的成功催生并稳固了英国作为世界人才高地的地位，这一过程并非一蹴而就，而是经过了长期而复杂的历练和蜕变。第二次科技革命的主战场仍然是欧洲，英国也积极参与并推动了此次科技革命，但德国在此次科技革命的崛起使其成为英国的强劲竞争对手。如表 1 所示，19 世纪上半叶，英国在医学领域的成果保持了世界领先的地位，而后起之秀德国发展速度极快。19 世纪末，德国的医学科研实力已经远超其他国家。进入 20 世纪，美国异军突起，在医学领域的科研能力超过德国、英国和法国。

表 1　英国、美国、德国、法国在医学领域的新发现对比（1800—1926 年）[②]　　单位：件

年份	英国	美国	德国	法国
1800—1809 年	8	2	5	9
1810—1819 年	14	3	6	19
1820—1829 年	12	1	12	26
1830—1839 年	20	4	25	18
1840—1849 年	14	6	28	13
1850—1859 年	12	7	32	11
1860—1869 年	5	5	33	10
1870—1879 年	7	5	37	7
1880—1889 年	12	18	74	19
1890—1899 年	13	26	44	18
1900—1909 年	18	28	61	13
1910—1919 年	18	40	20	8
1920—1926 年	3	27	7	3

据估计，1934—1935 年，英国政府对大学教育的总支持金额为 270 万英镑（略高于 900 万美元）。相比之下，1929—1930 年美国高等教育总拨款估计为 3. 4 亿美元。在考虑高等教育对工业研究发展的影响时，英美两国制度的最大区别在于它们的规模。在 20 世纪 20 年代初，英国大约有 2. 4 万名大学生；到

① 阿克莱特出身贫穷，当过理发师，之后改进和发明了新型水力纺纱机。1771 年，他与人合伙在英国曼彻斯特创办机器纺纱厂，改进了手工业生产形式，被誉为“近代工厂之父”。晚年的阿克莱特成为英国最富有的纱厂主之一。

② 参见：KAPLAN N. Science and society［M］. Chicago：Rand McNally & Company，1965：42.

20 世纪 30 年代末，这一数字上升到 5 万—6 万人。相比之下，1914 年美国高等教育机构授予了超过 4. 8 万个学位，1940 年授予了 21. 6 万多个。[①]

20 世纪以来，欧洲强国的实力因为各种原因受到前所未有的削弱。美国作为世界科学中心急速奋起，形成了以美国为主导的新的世界科学发展格局。在接下来的阶段里，研究成果分布的极化现象十分凸显，美国拥有的成果分布比重均超过全世界的一半。

美国科技人才高地的形成，与其特殊世界政治环境下知识精英的流动潮息息相关。第二次世界大战前后，美国外来精英人才的主要组成部分为德国科学人才，其中包括诸如阿尔伯特・爱因斯坦（Albert Einstein）、"原子弹之父"利奥・西拉德（Leo Szilard）、"氢弹之父"爱德华・泰勒（Edward Feller）等科学家。这些知识精英的加盟，将德国学术体系中先进的方法论和严谨的学风传到了美国，极大地推动了美国科学和文化的发展。另外，早在 19 世纪，德国移民及其后代利用其技术和创业精神，在美国的许多工业部门创建了一流的工厂。

第二次世界大战期间，美国通过吸收欧洲知识精英难民，美国科学发展取得明显收益。基于这一成功经验，美国形成了开放的人才制度，面向全球人才敞开移民、留学与就业之门，主动吸收和网罗全球的科学精英人才。

20 世纪以来，美国取代德国成为世界科学中心，并以绝对优势领先于其他国家。在 1901 年诺贝尔奖创立后 30 年的竞争中，24 个诺贝尔奖中仅有 4 个奖项颁给了美国人。20 世纪 50 年代以后，美国获得的诺贝尔奖数量已经超过了其他国家；20 世纪 70 年代中期，美国拥有的诺贝尔奖得主达到一个高峰。[②]此后，美国受过高等教育的人口比例越来越大，将其他国家远远抛在身后。美国在高等教育领域不遗余力地吸引外国留学生，他们成为美国科技人才的后备力量。美国在 1958 年推动的《美国国防教育法》（*National Defense Education Act*）[③]、20 世纪 60 年代的"阿波罗计划"（Apollo Program）等都充分证明了美国联邦政府有力量调动研究人才。

美国本国人才的发展也有其突出之处。比如，美国工程师发挥了融合管理

---

① MOWERY D C. Firm structure, government policy, and the organization of industrial research: Great Britain and the United States, 1900—1950 [J]. The Business History Review, 1984, 58 (4): 521 - 522.

② 截至 1976 年只有 4 个国家的诺贝尔奖得主合计达到两位数以上：美国获得 105 个，英国获得 58 个，德国获得 50 个，法国获得 21 个。

③ 20 世纪中叶，现代火箭技术逐渐成熟，从此，人类开始了航天时代。1957 年 10 月，世界第一颗人造地球卫星发射，宣告人类进入一个空间探索的新时代。此后，各种科学卫星和空间探测器被送上天，开创了从太空观测、研究地球和整个宇宙的新时代，使人类对宇宙的很多天体有了更深刻的认识。

和技术技能的重要作用。工程师弗雷德里克·W. 泰勒（Frederick W. Taylor）、查尔斯·凯特林（Charles Kettering）和阿尔弗雷德·斯隆（Alfred Sloan）等人在整合工业研究与美国公司的商业实践中发挥了重要作用。在美国受训的工程师接受的管理指导远远多于英国或欧洲的竞争对手。美国的高等教育综合体在培养管理人员方面也比英国体制发挥了更重要的作用。正如有学者所指出的那样，美国经理人比他们的英国同行更有可能获得大学学位，他们通常拥有更多的技术培训和专业知识。①

综上可见，近代以来，英国在19世纪上半叶仍保持了世界人才高地的优势，而美国则在20世纪异军突起，在其经济腾飞的同时，人才济济的发展趋势势不可挡。两国综合实力的高低起落与其科技人力资源存量及其发展有着紧密的联系，前者是后者发展的基础。同时，科技人力资源发展的兴盛与否对经济社会发展顺利与否起到不可磨灭的影响，两者相辅相成。

二、英美人才高地转换的成因

职业性或者说专业素养的提高是19世纪显著的社会变革之一。例如从历史悠久的职业中发展出许多从属和辅助专业，全新和独特的职业也纷纷创立。随着时间的推移，行业和专业的门槛逐渐提高，出现了精心规定的培训、合理的准入条件和明确的行为规范。在社会政治民主、机械和科学工业发展的推动下，职业化的兴起不可避免。尽管一个工业化国家与另一个工业化国家科学专业化的时间和速度不同，但全世界都在发生类似的趋势。业余科学家被专业科学家几乎完全取代。工业研究人员的数量急剧增加，他们取代了经验发明家，并超过了学术科学家的数量。②

18—19世纪的英国具有工业革命的坚实基础以及优良的科学传统，制造业领域中技术改造、新型教育的出现等发挥了产生和集聚人才的关键性作用。美国在科技领域的领先地位使其在全球掀起了生活方式与行为理念的时代潮流。这两个国家的历史特点和人才优势都很明显，作为世界科技人才高地是名副其实的。形成世界人才高地的原因可以从科技和教育发展、经济腾飞、政治改革、思想解放、人才跨国迁移等因素比较的结果来探究。其中，两个国家国

① MOWERY D C. Firm structure, government policy, and the organization of industrial research: Great Britain and the United States, 1900—1950 [J]. The Business History Review, 1984, 58 (4): 522 - 524.

② LYNN K S. The professions in America [M]. Boston: Houghton Mifflin Company, 1965: 112.

内的科技和教育、经济、政治、思想、文化等是人才发展和集聚的内因，对其产生直接影响，而人才跨国迁移是人才发展和集聚的外因，对其产生间接影响。

英国工业革命时期资产阶级制度的确立、经济实力的雄厚积淀、科学文化水平和技术条件的日益成熟、社会保障水平和生活条件的改善都在一定程度上为英国人才的发展创造了较好的客观环境。但也有部分英国的技术工人流入了欧洲大陆，一些英国企业家到他国定居并设立工厂，部分英国劳动力也在外流。这些都是英国专业人员在欧洲大陆迁移的例证。随着英国产业竞争优势的逐渐缺失，虽然20世纪部分国家也有大量人才流入英国，但人才的层次与含金量很难达到本土人才流出的程度。尽管英国是老牌的机器生产者，但一直到第一次世界大战以前，英国的主要出口工业部门还是纺织工业，而在美国则是机器制造业。19世纪末，英国与美国、德国和日本的竞争加剧，英国对技术和管理教育缺乏公共财政支持的传统无助于提高工程师的数量或增强专业培训，英国的工程师比美国稀缺得多。有学者说，20世纪上半叶，工业教育计划在某些国家是根据需要而制定的，而在另一些国家则完全没有。技术的进步并没有产生超过工业增加就业所得的正常收益。在大多数工业化国家中，学徒制继续发挥重要作用。[①] 这种情况在英国比较常见。在英国，学术界和工业界之间的合作更加非正式，也不那么普遍，工业界得到的公共或私人财政支持也少得多。[②] 英国没有在高等教育和技术教育与工业之间建立正式的联系，而这种联系在美国的工业研究系统中是非常重要的。

作为技术技能的提供者和技术人力的生产者，英国教育网络与美国体系相比不太适合支持和促进工业研究，美国体系得到的公共财政支持要多得多。而且，很显然，英国的教育体系向工业界的需求转变经历了比较漫长的过程。根据学位制度和考试的性质，英国绅士培训体制下的大学基本上对科学和研究的进步不感兴趣。在当时的社会，这似乎并不反常，一群优秀的半业余者悠然自得地继续从事作为自己兴趣的科学事业。与大学有机联系的大型公立学校自然是按照历史传统的既定教育目标进行管理，当时实现科学硕士学位培养的可能性很小。尽管如此，仍然出现了新的大学学院，但这些学院都被经费困难和学

① BARLOW M L. History of industrial education in the United States［M］. Peoria：Chas. A. Bennett Co.，Inc.，1967：455－456.

② MOWERY D C. Firm structure，government policy，and the organization of industrial research：Great Britain and the United States，1900—1950［J］. The Business History Review，1984，58（4）.

位制度问题困扰，使得系统的技能学习难以实现。[①] 有学者认为，在英国，有一种贵族偏见，反对为追求经济利益而放弃追求纯粹真理，部分是由于英国存在业余私人绅士进行科学研究的传统所致。对于不得不为谋生而工作的科学家来说，除了教学，主要的选择是为政府服务。但这方面的工作机会也很难获得，因为政府开设的研究实验室数量较少，在矿山、天文观测站、公共卫生服务部门、大地测量或土木工程项目中只有少量的技术或监督工作。[②]

律师、医生等职业在很大程度上依赖于专家与客户之间的个人关系，这些服务是通过个人向社区提供的。而专业科学家必须通过社区为个人提供服务，科学家与客户或雇主之间的个人关系是不可想象的。在这方面，专业科学家更像公务员或军官，而不是医生或律师。事实上，科学家在服务的客观性质上甚至超越了公务员或军官。因此，科学的水平或专业化取决于公共福利措施或集体社会的行动，也就是说，科学需要社会的关注和支撑，而不仅仅是一种个人行为。科学发展的最初阶段尤其如此，因为培育自然科学家的长期和昂贵的教育费用要求国家提供大量援助。历史证明，这是每个能够发展应用科学的国家的普遍成功经验。在 1850—1880 年，英国拒绝提供国家援助，是应用科学在英国出现较晚的最终原因。[③] 这样的科技环境也使人才的发展遭遇了一定瓶颈期。

科技进入英国大学的部分原因是历史的偶然，还有部分原因是教育思想领袖深信科技教育不应脱离自由学习。在欧洲大陆，在需要高等技术教育之前已经建立了大学系统；在英国，建立新大学的阶段与高等技术教育的需要相吻合。在欧洲大陆，除了在大学中已经建立的传统职业，对职业教育不存在局限性；在英国，大学学院的创始人有强烈的功利主义偏见，这种偏见由于对牛津大学和剑桥大学所代表的理想的尊重而变得更加厚重。[④] 到 20 世纪，虽然“纯科学”在高等学府的课程设置中占到一定地位，但应用科学仍然被忽视。在美国、德国、法国、日本等国家的工业环境中，工厂很容易招募到高质量的技术专家和管理人才，可是在英国，大学的高才生很少人愿意去工商业部门工作。工厂缺乏足够的技术人员和管理人员，对经济发展产生了一些不利影响。

---

① CARDWELL D S L. The organisation of science in England: a retrospect [M]. London: William Heinemann Ltd., 1957: 185.

② LYNN K S. The professions in America [M]. Boston: Houghton Mifflin Company, 1965: 111.

③ CARDWELL D S L. The organisation of science in England: a retrospect [M]. London: William Heinemann Ltd., 1957: 187.

④ ASHBY E. Technology and the academics: an essay on universities and the scientific revolution [M]. London: Macmillan and Company Limited, 1959: 64.

英国没有对在工业革命时期形成的工业结构及时地进行调整，长期倚重纺织、钢铁、煤炭、造船等大宗产业。这些传统产业部门因受到其他国家的强烈竞争，出口遇到困难，生产力严重过剩，而前景好的新兴产业又发展较慢，在国际竞争中处于不利地位。美国、德国等国的钢铁工业、合成化工、电力和电子工业、内燃机和汽车工业等领域以飞快的速度发展起来，在经济效率和生产增长速度方面都快于英国。在19世纪80年代以后，这些国家的工业生产总量追上或超过英国，成为后者强有力的竞争者，使英国丧失了国际市场上的垄断地位。将相关统计资料联系起来可发现，教育与工业存在正相关性，也就是说，科技人力资源越丰富，工业发展就越快。同时，工业的发展也能为人才发展提供平台和保障，反之亦然，工业的衰弱对人才发展的影响是极为不利的。

第二次世界大战前后，美国成了欧洲人才流失的最大受益者。

美国幅员辽阔和资源丰富是其天然优势，在此基础上，众多人才的汇集进一步加速了其发展。人才跨国迁移方向一定程度上反映出世界科学中心的转移方向。美国人才入度均大于出度，保持了人才不断流入的优势，是其成长为世界科学中心的重要原因之一。第二次世界大战之前，入境美国的移民技术水平较低，大多数是非熟练劳工。20世纪30年代的德国移民潮中，移民包括了世界顶尖的科学家和学者。比如爱因斯坦到达美国产生了重大的历史意义。美国除了收获科技人才，还收获了大量武器与工业设备等。在其坚定的移民计划支撑下，美国成为依靠技术移民建设起来的国家，技术移民是支撑其社会发展的重要一环，使其成为完全意义上的技术移民流入国和受益国。

在高等教育体制方面，随着对德国研究型大学的模式引进，美国大学的科研功能日渐强大。1900年，十多所大学发起成立了美国大学协会。1904—1925年，美国大学协会接纳了12所大学成为其新成员。尽管这些美国的精英大学无法与当时的英国和德国的著名大学匹敌，但它们的成长为竞争日益激烈的大众化高等教育市场环境奠定了坚实基础并设置了基本标准。尽管美国的大学在20世纪前30年的时间里，仍然落后于欧洲著名大学，但越来越多的证据表明，美国的研究型大学在创造新知识方面与欧洲一流大学不断缩短差距，并在某些科学领域有了更为出色的表现。例如医学领域与美国国家利益紧密相关的重要科研产品也与著名的高等学府联系在了一起。1907年，物理学家阿尔伯特·亚伯拉罕·迈克尔逊（Albert Abraham Michelson，1852—1931年）[①] 成为

① 迈克尔逊出生于波兰，父亲是犹太裔商人，迈克尔逊在幼年时随全家移民美国。1907年，迈克尔逊因发明光学干涉仪并使用其进行光谱学和基本度量学研究，成为美国第一位诺贝尔物理学奖获得者。

美国第一位诺贝尔奖获得者。日益崛起的美国研究型大学培养了国家亟须的众多科技专家和高等人才。

美国高等教育取得了举世瞩目的成就，成为吸引和培养高层次人才的抓手。美国大学在师资水平、硬件设施、研究成果、学科覆盖面等诸多方面都具有优势。美国的著名院校大多拥有顶尖的学术领衔人、激励人才奋进的机制、产学研结合的优良条件、宽松自由的学术气氛等。高等教育带来的人力资本贡献对美国科技和经济发展起到巨大的“人才磁石”作用。美国拥有全球最多的知名研究型大学，汇集了出生于本土以及来自世界各地的一流科学家群体。美国在教育领域的领先地位依靠的是汇聚精英，依靠自身的不断创新和人才的不断涌入，美国高等教育机构在20世纪下半叶对世界各地人才保持着巨大而持久的吸引力。美国在高等教育国际化的实施中融入了美国外交战略的考量。

美国对人才的认识也可圈可点。除了对自然科学人才的重视，美国人力资源部门也看到了文科人才的重要性。20世纪50年代，美国有机构认为，强调科学技术并不意味着这些领域的专家全权负责国家的进步和财富。实际上，人文主义者的作用特别重要。科学和技术专家会很容易地被包裹在自己的领域中，以至于看不到整体情况。汽车、电话、电力以及现代文明的所有其他奇迹本身并不是目的，而是有助于人类的享受和进步。将人民及其福祉放在中心位置的人文主义者为整个技术的扩展提供了目标和方向。①

对影响世界科技人才高地形成的因素考察表明，社会经济水平、高等教育水平和科研投入水平对人才的产生和聚集能力具有显著的正向影响。从时间维度上看，经济和工业发展是人才养成和聚集的基石，在此基础上，科研投入和高等教育水平得以累积和提升，而后科学成果转化为产业技术，科技和人才进而发展反哺经济发展，形成一个正向循环。科技进步和人才发展有密切联系，科技越进步，科技人才的作用越大，也就越受重视。科技进步与科技人才呈正比例、螺旋式向前发展的模式。

三、结　语

随着人类自身的进步，物质财富的创造越来越从依靠体力向依靠智力转化。由于人是智力的唯一载体，占有人力资源才能占有发展的主动权，因此人

① WOLFE D. America's resources of specialized talent：a current appraisal and a look ahead［M］. New York：Harper & Brothers，1954：3－4.

的作用愈加凸显。不同的历史阶段，大批各领域各种类型的人才在科学、技术、思想、文化等方面的创造和创新，掀起产业革命、科学革命、技术革命，提高生产率，带来巨大的经济效益。为了在国际竞争中抢夺优势地位，各国政府都在努力培育能力高强的科技人才队伍，致力于人才资源的最大限度和最高效率的开发和使用。各国不但重视本国人力资源的开发与管理，而且千方百计从国外吸引本国需要的人才。现代史上的人才争夺战早已打响，而且这种竞争只会愈演愈烈。探究历史上发达国家科技人力资源开发与管理的经验与教训，并认清全球人才资源激烈争夺的现实，对于我国人才发展的现实考量是大有裨益的。讨论英国与美国这两个世界公认的人才强国在人才发展方面的成功经验和缺点，可为我国的科技人才发展研究及人才政策的制定提供参考。

大国博弈与竞争根本的决定因素是先天赋予的体量，包括空间和地理因素、人口和物质资源等要素储备，后天的发展则包括体制、文化等对资源的动员和整合能力，前者和后者的合力是国家发展的关键所在。英美两国的发展也可以置于这个框架之下进行讨论。20 世纪的每一项重大科技进展及其产业化、市场化的经历几乎都与英国或美国有关。英国具有世界领先的科学研究基础以及优质的高等教育体系，并且在制造业领域中的技术改造、以知识为基础的商业以及基础设施建设等中发挥着重要作用。美国在科技领域的领先地位使其稳居世界霸主地位，并在生活方式、思想理念和文化产品等诸多方面影响了其他国家。这一切的来源和动力都离不开科技人才的发展壮大。20 世纪，美国崛起并日益强盛，在科技和经济实力上追上甚至超过英国。这两国的兴衰一定程度上可以从其科技人才发展得失的角度看出端倪。两国在人才存量、人才环境、人才政策等方面均存在可比性。英美两国的人才发展经验表明，当经济发展达到一定水平后，经济增长的主要驱动力来自人才及其创新和创造性，因为人才是科技进步的主要推动者。

古语有云，得民心者得天下。随着各国对全球竞争中人才重要性的认识更加深入，可谓是得人才者得天下。随着时代的发展，人口红利已转向人才红利。我国是世界公认的人力资源大国，但科技转化为生产力受制于高端人才缺乏、智力资源开发和利用不足以及人才分布不均等不利因素，这些因素成为影响人才健康发展的“瓶颈”。2005 年，钱学森先生关于我国为何缺乏创新型人才的发问，涉及整个社会的文化传统、价值观念、社会体制、内外环境，特别是教育体制性因素等。20 世纪末，党和国家已经意识到发展和利用大量科技人才来维持和促进国家安全、技术进步、经济增长和社会发展的必要性。1992

年，中国共产党第十四次全国代表大会上已提出，必须把经济建设转移到依靠科技进步和提高劳动者素质的轨道上来。1995 年 5 月 6 日颁布的《中共中央 国务院关于加速科学技术进步的决定》首次提出科教兴国战略①。2003 年 12 月，中共中央、国务院在全国人才工作会议上通过了《中共中央 国务院关于进一步加强人才工作的决定》，提出了大力实施人才强国战略②。中国人才研究会副会长王通讯认为："人才强国战略，又可以定义为关于走人才强国之路的全局性、长远性、系统性思考。"③ 这些战略为开发我国人力资源确定了目标，指明了方向。我国在重视人才工作方面也迈出了更为坚实的步伐。在这一情势下，我国可以借鉴历史上国外的相关经验和教训，寻找一条中国特色社会主义人力资源发展道路，调动我国人民追求提高自身能力的积极性，开创人人皆可成才、人人皆有用武之地的新局面。

（张瑾，中国社会科学院大学历史学院副教授、硕士生导师，中国社会科学院世界历史研究所研究员，历史学博士，中国英国史研究会副秘书长、理事）

① "科教兴国"指的是全面落实科学技术是第一生产力的思想，坚持教育为本，把科技和教育摆在经济、社会发展的重要位置，增强国家的科技实力及向现实生产力转化的能力，提高全民族的科技文化素质，把经济建设转移到依靠科技进步和提高劳动者素质的轨道上来，加速实现国家的繁荣强盛。科教兴国战略把科技、教育进步作为经济和社会发展的强大动力，是确保国民经济持续、快速、健康发展，增强国际竞争力的根本措施，对建设国家创新体系、促进科技创新与产业化、促进我国科技自主创新能力的提高、实现跨越式发展具有重要作用。参见：党史上的今天［EB/OL］.［2019－11－06］. http：//cpc. people. com. cn/GB/64162/64165/79703/79784/index. html.

② 人才强国战略是指把中国从人口大国转化为人才资源强国、大力提升国家核心竞争力和综合国力的国家发展战略。《中共中央 国务院关于进一步加强人才工作的决定》对实施人才强国战略提出了七个基本要求：一是用"三个代表"重要思想统领人才工作；二是把促进发展作为人才工作的根本出发点；三是树立科学的人才观；四是加强人才资源能力建设；五是坚持党政人才、企业经营管理人才和专业技术人才三支人才队伍建设一起抓；六是推进人才结构调整；七是创新人才工作机制和优化环境。参见：中共中央国务院关于进一步加强人才工作的决定［EB/OL］.（2003－12－26）［2018－02－04］. http：//www. gov. cn/test/2005－07/01/content_11547. htm.

③ 王通讯. 论人才强国战略的科学内涵［J］. 中国人才，2003（5）：42－44.

省会城市建设国家创新人才高地的比较与思考

——以湖南省长沙市为例

曲　婷

摘　要：人才是推动发展的第一资源，打造国家创新人才高地对于推动省会城市高质量发展具有重要意义。通过人才规模结构、人才发展效能、人才生态环境等要素对十大省会城市创新人才竞争力的比较分析，对标全国先进省会城市，笔者发现，湖南省长沙市在人才存量、引育效能、科技成果转化方面还存在短板和不足，应立足政策精益创新，集聚高精尖人才；立足体制机制攻关，突出平台载体驱动；立足人才服务保障，优化人才发展生态，争取将湖南省长沙市建成国内一流创新人才高地。

关键词：人才高地；省会城市；对比

习近平总书记于2021年9月在中央人才工作会议中指出，深入实施新时代人才强国战略，加快建设世界重要人才中心和创新高地。为全面贯彻党中央的战略部署，湖南省省会长沙提出到2035年建成国家重要人才中心和科技创新高地的战略目标，并于2021年入围“全国人才高地建设城市”。同时也要看到，与先进城市相比，长沙在人才队伍建设上仍存在不少差距和挑战，如引领产业发展的高精尖创新人才依然不足、支撑开放型经济发展的国际化人才相对缺乏、对青年人才吸引力不够等。如何绘制好长沙人才工作的宏伟蓝图，打造有助于人才引进、培养、流动的政策环境①，争创全国一流创新人才高地，是当前亟待解答的重要课题。

---

① 阎豫桂. 粤港澳大湾区打造世界一流创新人才高地的思考［J］. 宏观经济管理，2019（9）：59－65.

一、长沙与先进省会城市创新人才竞争力的比较分析

人才强，则城市强，城市发展离不开人才这个关键变量。[①] 长沙要打造全国人才高地，关键是要建设一支规模宏大、结构合理、素质优良的创新人才队伍，激发各类人才的创新活力和创造潜力。通过对 2021 年全国国内生产总值（GDP）排名前十的省会城市创新人才竞争力的比较分析，能够更加清晰地把握长沙人才队伍建设现状，更加客观地评价长沙人才发展的水平和程度，进而为长沙打造国家创新人才高地提供可靠依据和趋势研判。

（一）省会城市创新人才竞争力评价体系构建

1. 省会城市创新人才竞争力评价体系的理论框架

要比较城市人才竞争力，首先要明晰人才和人才竞争力的内涵。人才是指具有一定的专业知识或专门技能，进行创造性劳动并对社会作出贡献的人，是人力资源中能力和素质较高的劳动者，是我国经济社会发展的第一资源。[②] 而人才竞争力是指存在于人才自身，且受外部环境影响的综合能力体现，是竞争主体能否吸引、培养和留住人才的关键因素，同时也是决定竞争主体是否拥有并高效利用优秀人才资源的重要基础。

一个城市的人才竞争力则是指一个城市在集聚、吸引、使用和转化人才资源时所体现出来的核心能力的强弱。[③] 城市人才竞争力评价体系作为衡量城市人才竞争力的重要工具，主要包括人才竞争力的内在要素、影响人才竞争力的外在要素和表征人才竞争力现状的产出水平要素。一方面，城市竞争力评价体系需全方位、多层次地反映城市人才数量质量的真实情况；另一方面，评价体系应重点考虑人才推动科技、经济的发展效能以及城市创新发展的环境因素等。在当前全面推进我国高质量发展，建设世界科技强国和社会主义现代化强国的新时代背景下，城市对人才的实际需求提出了更高的要求，更加注重对创新人才的引进培养使用。建设结构合理、素质优良的创新人才队伍，激发各类人才的创新活力和创造潜力，发挥人才在科技创新中的引领作用，成为当前提

① 辜倩倩．让城市和人才互相成就：“强省会”战略大家谈［EB/OL］．（2022 - 04 - 21）［2022 - 10 - 20］．https：//baijiahao. baidu. com/s?id = 1730699169666703173&wfr = spider&for = pc.

② 国家中长期人才发展规划纲要（2010—2020 年）［EB/OL］．（2010 - 06 - 06）［2022 - 10 - 20］．http：//www. gov. cn/jrzg/ 2010 - 06/06/content_1621777. htm.

③ 娄峰，潘晨光．中国城市人才综合竞争力实证分析［J］．中国集体经济，2011（8）：139 - 140.

升城市竞争力的核心要义。

笔者聚焦创新人才，从创新人才竞争力对城市的影响机理出发，基于对创新人才的本质、成长规律与培养机制，并结合国内外相关研究成果，最终确定评价体系的基本框架。新时代城市创新人才竞争力评价体系主要从人才规模结构（内在要素）、人才发展效能（产出水平）、人才生态环境（外在要素）三个维度来评估各城市的人才发展竞争力水平。人才规模结构不仅反映人才的规模总量，而且反映人才的分布结构情况，是人才质量最重要的体现。人才发展效能用以反映人才带来的科技产出与经济价值，包括科技效益和经济效益两个维度。人才生态环境是指与人才密切相关的各种外部因素的总和，良好的人才生态环境将加速创新人才成长，激发创新人才的创造活力，为提升城市人才竞争力推波助澜，主要包括人才吸引、培养和创新支持三个维度。①

2. 省会城市创新人才竞争力评价体系的指标设计原则

省会城市创新人才竞争力评价体系的指标设计主要遵循以下原则：一是科学性和典型性原则。评价指标须客观真实地反映省会城市人才竞争力发展的特点和现状，同时兼具典型代表性，不宜过多过细、相互重叠，亦不宜过少过简，出现信息遗漏，各指标之间相互协调、相互补充。二是可获得性和可操作性原则。应从数据分析的权威性和可公开性角度出发，所选指标要便于量化，数据便于采集和计算，具有权威性和可信度，且计算量度和方法必须统一，统计口径须保持一致。

3. 省会城市创新人才竞争力评价体系的评价对象及数据来源

综上，笔者选取 2021 年省会城市 GDP 排名前十强城市，即广州、成都、杭州、武汉、南京、长沙、郑州、济南、合肥、福州作为研究对象，重点比较长沙与其他九个省会城市之间的人才竞争力发展差距与短板。原始数据主要来自《中国城市统计年鉴 2021》、《中国教育统计年鉴 2021》、各地市国民经济和社会发展统计公报、各地市统计年鉴和科技统计年鉴以及各级政府公报网站等，部分缺失数据由相关度较高的指标推算得出。由于研究指标不属于同一层次，且存在较大差异度，故运用德尔菲法通过背对背征询专家意见方式确定各评价指标的权重，其优势在于能够依靠多次反馈的过程来实现专家意见的趋同。如表 1 所示，首先对原始数据进行无量纲化处理，其次依据确定好的权重和逐层加权求和方法，最后得到十大省会城市创新人才竞争力综合评价得分，

① 陈劲，幸辉，陈钰芬，等. 中国城市创新人才评价体系构建［J］. 创新科技，2022（4）：73－80.

其中 R&D 表示研究与试验发展。

表 1　省会城市创新人才竞争力评价指标体系

一级指标	二级指标	三级指标	权重
人才规模结构	人才规模	①R&D 人员数	0.4
		②本科学历就业人员数	0.3
		③院士数	0.3
	人才结构	④本科及以上学历人员占比	0.5
		⑤每万人拥有 R&D 人员数	0.5
人才发展效能	科技效益	⑥专利授权数	0.4
		⑦发明专利授权数	0.5
		⑧权威期刊发表论文数	0.1
	经济效益	⑨人均 GDP	0.2
		⑩中国科创板企业数	0.2
		⑪中国创新企业 100 强企业数	0.2
		⑫世界 500 强企业数	0.1
		⑬中国 500 强企业数	0.3
人才生态环境	人才吸引	⑭平均劳动者报酬	0.4
		⑮人均一般公共预算支出	0.4
		⑯每万人拥有执业医师数	0.2
	人才培育	⑰人均教育经费支出	0.4
		⑱普通高等教育专任教师数	0.6
	创新支持	⑲R&D 内部经费支出	0.4
		⑳中国民营企业 500 强企业数	0.3
		㉑独角兽企业估值（总产值）	0.3

（二）省会城市创新人才竞争力评价实证分析

1. 城市创新人才竞争力总体评价分析

如表 2 所示，依据上述权重确定方法经综合计算得出十大省会城市创新人才竞争力最终评价得分。

表 2　十大省会城市创新人才竞争力最终评价得分

综合排名	城市	综合得分	规模结构得分（排名）	发展效能得分（排名）	生态环境得分（排名）
1	广州	100.00	89.35（2）	100.00（1）	95.54（2）
2	南京	98.77	100.00（1）	83.75（4）	95.05（3）
3	杭州	96.44	79.23（5）	94.06（2）	100.00（1）
4	武汉	90.27	85.71（3）	90.86（3）	83.70（4）

续表

综合排名	城市	综合得分	规模结构得分（排名）	发展效能得分（排名）	生态环境得分（排名）
5	长沙	74.25	80.09（4）	68.32（8）	68.84（8）
6	济南	72.65	67.45（9）	70.89（6）	73.89（5）
7	成都	71.36	69.12（7）	71.10（5）	69.66（6）
8	合肥	69.02	74.58（6）	69.22（7）	61.51（9）
9	郑州	60.00	69.10（8）	60.00（10）	69.53（7）
10	福州	60.00	60.00（10）	60.05（9）	60.00（10）

整体而言，十大省会城市创新人才竞争力发展水平存在显著差异。具体来看，广州、南京、杭州、武汉的人才竞争力发展水平处于全国领先地位，广州以综合得分100分领跑，南京、杭州和武汉则分别位列第二、第三和第四，以上四个城市综合得分均超过90分，成为省会城市创新人才竞争力发展的第一梯队；而第二梯队包括长沙、济南、成都三个城市，综合得分均在70—80分，城市人才竞争力水平较高，但与第一梯队城市的差距较大；第三梯队包括合肥、郑州、福州三个城市，综合得分均在60—70分，城市人才竞争力水平一般。从综合得分来看，长沙处于第二梯队的领头羊位置，但与第一梯队相比还有较大的进步空间。

2. 省会城市创新人才竞争力各分项评价分析

为把握十大省会城市创新人才竞争力的具体发展形势，计算得出省会城市创新人才竞争力在人才规模结构、人才发展效能和人才生态环境三个维度的详细得分。

从各维度得分来看，广州人才各项得分均处于前三名，无明显短板，其中人才发展效能排名第一，说明广州人才带来的科技产出与经济价值在十个城市中是最高的。而南京在人才规模结构维度的得分在十个城市中排名最高，说明南京的人才质量水平优势显著，而杭州在人才生态环境维度得分排名最高，说明杭州在人才吸引、培养和创新支持方面做得最好。但是除广州之外的其他九个城市在三个不同维度的发展中均各有所长，说明九大城市的人才竞争力尚存在发展不均衡现象。

3. 长沙创新人才竞争力的横向比较分析

为深入了解与其他九大省会相比，长沙创新人才竞争力在各维度的现实发展水平，并从中发现存在的短板和问题，如表3所示，笔者对长沙在人才规模结构、人才发展效能和人才生态环境三个维度以及二级指标的具体分数进行了横向比较和单项排名。

表 3　长沙创新人才竞争力分项得分横向比较和单项排名

一级指标	二级指标	分数	排名
人才规模结构	人才规模	81.21	5
	人才结构	80.46	4
人才发展效能	科技效益	65.53	8
	经济效益	74.63	6
人才生态环境	人才吸引	68.36	7
	人才培育	70.42	8
	创新支持	63.46	6

从表 2 可以得知，长沙创新人才竞争力的综合得分为 74.25，在十个省会城市中排名第五，位于中上游水平，但是从表 3 的分项得分结果来看，形势不容乐观。首先，长沙在人才规模结构维度上得分为 80.09，总体排名第四，人才规模和结构得分分别为 81.21 和 80.46，位列第五、第四，说明近年来长沙实施更加积极、开放、有效的人才政策取得显著成效，人才净流入率大幅增加，人才规模得到有效提升，引进人才的学历结构和技能结构不断向高层次攀升。但是与广州、南京相比在高层次人才和青年人才存量方面仍存在较大差距，尤其是在高精尖人才总量短缺、国际化人才规模无法满足现实发展需要、青年人才和高技能人才供需矛盾突出等方面还存在可提升的空间。其次，长沙在人才发展效能维度上的得分仅为 68.32，在十个省会城市中位列第八，与领先城市差距较大，表现不尽如人意。其中，科技效益和经济效益得分分别为 65.53、74.63，位列第八和第六，说明长沙创新人才在赋能经济增长中发挥的作用亟须进一步提高，特别是在如何打通科技成果转化的痛点堵点方面仍需更加努力。再次，在人才生态环境维度，长沙得分仅为 68.84，同样位列第八。最后，长沙在人才吸引、人才培育和创新支持方面得分分别为 68.36、70.42 和 63.46，位列第七、第八和第六，说明长沙在人才引进和培养方面尚未达到平均水平，与其他大部分省会城市相比还存在较大差距，在优化人才生态环境方面任重而道远。

二、长沙国家创新人才高地建设存在的主要问题和特点

（一）供需矛盾仍然突出，人才规模质量有待升级

从上述分析结果和实地调研情况来看，长沙在人才规模结构上处于比上不

足比下有余的尴尬境地，究其原因主要有三。

其一，由于在长沙的一流高校本地招生率不高，毕业生留长就业意愿不强，大部分选择外地就业。因此长沙在吸引留住青年人才方面还大有文章可做。

其二，部分领域高层次人才流失问题突出。受区位、待遇、平台、环境等因素影响，以科技领军人才、海归人才为代表的高层次人才引进困难，发展受阻。例如，某国家重点实验室建成后 8 年间，先后有原主任以及各专业方向的科研骨干近 10 人“出走”，“动漫湘军”的高层次人才流失让事业一度陷入低谷，某电视台 2021 年就有包括制片人、首席导演等核心骨干人才在内的 63 人离职，诸多教师骨干被深圳、贵州等地挖走。

其三，人才引进一般分为：政策驱动、环境驱动和文化驱动三个阶段。当前长沙还停留在政策驱动阶段，提升人才规模质量的重要抓手就是打造引才品牌和引才工程，实现以品牌促引进、以引进促创新、以创新促改革。例如广东省深圳市的“孔雀计划”，浙江省杭州的“钱塘之星”，湖北省的华侨华人专业人士创业发展洽谈会（华创会），四川省的中国西部海外高科技人才洽谈会（海科会），都已成为重要的引进人才活动品牌。在 2020 年“魅力中国——外籍人才眼中最具吸引力的中国城市”排名中长沙仅列第 17 位，处于第二梯队，也从侧面说明了打造引才品牌的重要性。

（二）人才政策仍需精准，引育效能有待提升

近年来，长沙人才政策经过迭代升级，政策环境已得到大幅提升。然而，很多政策依然能看到发达地区的影子，总体上还是人才政策的“跟随者”，人才政策的原创性和针对性有待加强。

一是存在“重引进轻培养”的误区。当前人才引进政策主要聚焦已取得科技成果和事业成就的“高层次人才”，希望引来的人才马上就能用，很快能出科研成果或解决技术难题。然而由于缺乏对高层次人才的长远培养规划，以及对本土人才“用才”“育才”体制机制的建设，片面强调人才引入量和占有比重，“等靠要”思维和人才“花瓶化”现象不同程度存在。很多高层次人才引进来后发现，晋升空间、发展平台、创新创业支持和评价管理上受到诸多掣肘，出现了多次引进又出走的现象，人才引进效率低下。

二是服务配套管理机制有待健全。不同经历和年龄层的高层次人才对教育、医疗、交通、金融等方面的优质资源需求强烈且各有千秋，例如有的高层

次人才反映自己正处于青壮年，对就医的需求不大，期待在就医上能“上管老，下管小”等，但是由于现有公共资源服务配套有限，难以满足不同年龄层人才与国际接轨的多样化需求，且对服务保障的后续管理考核方面缺乏有效支撑。此外，长沙、株洲、湘潭人才一体化氛围还未完全形成，例如株洲、湘潭引进的高层次人才尚未享受在长沙落户购房的权利，使得长沙的房价、基础教育、优质医疗等优势尚未得到充分挖掘，运用到增强人才吸引力上面。

三是乡村振兴人才引育短板凸显。由于基层一线的工作生活环境与城市相比存在一定差距，尤其是教师、医生等一旦进入乡村学校、卫生院，缺乏轮岗交流机会，较难调出当前岗位，职业进路不明晰，乡村振兴青年人才引不来、留不住的困境时有发生，特别是一些紧缺的技术岗位空岗缺岗现象严重。而补充不到新鲜血液，农业技术推广队伍的专业知识更新缓慢，又缺乏对口专业培训，导致乡村农技人员知识断层老化问题较为突出，难以满足现代农业发展和产业结构调整新形势的要求。

（三）创新价值仍需挖掘，转化渠道有待畅通

通过分析调查发现，长沙创新人才带来的科技产出和经济价值还有待增强，特别是在打通科技成果转化的痛点堵点上还需大做文章，主要表现在科技成果转化环境不优和缺乏高水平技术转化人才两方面。一是中试阶段缺少资本投入。通常科技成果转化过程包括创新开发、中试和产业化生产三个阶段，经费投入比例一般为1：10：100，然而，当前长沙财政资金和社会资本对后两个阶段投入相对偏低，风投资本数量有限，种类不多，融资难问题始终得不到突破。二是高水平技术转化人才不足，缺少既懂成果转化，又具备法律、财务、市场等专业能力的复合型人才。由于科技成果转化队伍不强，加之技术经纪人整体素质偏弱，严重制约了成果转化效率和效果。

三、推进长沙国家创新人才高地建设的思考与建议

面对新形势新要求，全面对标争创国家吸引集聚人才平台的新任务，省会城市长沙要进一步统一思想，强化高地意识、危机意识，齐心协力强弱项、补短板，不断提升创新人才竞争力，切实强化作为省会城市的担当与责任。

（一）立足政策精益创新，集聚高精尖人才

长沙在经济实力、地理区位、争取中央政策先行先试等方面与第一梯队城

市相比没有明显优势，需紧紧围绕长沙人才群体特征和实际需求，制定差异化、精准化、极具吸引力的人才政策措施。

针对科技领军人才和创新团队，大力支持重点企业在人才分类认定、科研立项、服务保障等方面提供个性化支持。实施高精尖人才和紧缺急需人才集聚工程，赋予重点企业自主认定权限。创新高层次人才认定方式，推行按薪认定、企业自主认定、专家机构推荐认定等多种方式，为产业发展提供强大的人才支撑。

针对优秀企业家群体，根据企业规模、纳税、研发经费投入、行业创新引领作用等，开展企业家高层次人才认定。推动实施“企业合伙人”计划，以品牌思维、创新模式开展人才工作，以人才带动产业、产业集聚人才。

针对卓越工程师和高技能人才群体，加快培育支撑产业链和重点项目发展的技能人才体系，打造国家工匠学院，建立市级工程师认定评价体系，支持企业建设卓越技工学校、示范型高级技工学校、技能人才培训基地，积极开展各类职业技能竞赛活动，获奖选手可优先推荐五一劳动奖章、劳模评选等，打造契合本地产业、独具特色的技术技能人才培养激励体系。

针对青年后备人才群体，鉴于其处于人生当中创新最活跃、最容易出成果的关键时期，又处于独立科研的起步阶段，急需经费大力支持，建议制定以科研经费、创业融资为主的支持政策，切实加大投入倾斜力度和支持范围，不断充实战略后备人才力量。常态化开展学生实习实训，定期组织国内外知名高校学子来长沙进行城市体验、产业考察和技术攻关。充分利用政策、产业、房价、教育、生活等优势杠杆，撬动吸引青年人才来长沙创新创业。

针对乡村振兴人才群体，积极鼓励引导人才扎根乡村，灵活创新落实基层事业单位招聘“三放宽一允许”政策（适当放宽年龄、学历、专业等招聘条件；允许拿出一定数量岗位面向本县、本市或者周边县市户籍人员）。进一步落实定向培养师范生、医学生、农技特岗人员政策，加大农村定向大学生公费培养力度，着力解决基层教育、医卫、农技等人才队伍总量不足、结构不优、流动性大等突出问题。鼓励有农村情怀、有意愿能力的退休干部、退伍军人返乡，参与产业发展、村级治理；鼓励外出打工的有才能的人、农民企业家、大学生回乡创业，对农村知识青年开展技能、技术培训；鼓励机关和企事业单位的优秀干部、专家学者担任驻村“第一书记”，助力建强基层党组织和党员队伍。

（二）立足体制机制攻关，突出平台载体驱动

一是做优做精创新平台。聚焦关键核心技术攻关，发挥高校院所集聚优势，支持龙头企业联合双一流高校创立联合体，开展关键核心技术攻关。充分赋予高校和科研院所知识产权处置自主权，推动建立权利义务对等的知识产权转化收益分配机制，赋予科研人员职务科技成果所有权、长期使用权和转化收益权。聚焦科研成果快速转化，建强建大国家科技成果转化和技术转移示范基地，在高新区、经开区等区域建设科技成果转移转化基地，促进科技成果向现实生产力转化。实施科技成果转化复合型人才培养工程，鼓励高校、科研院所组建专业化技术经纪人队伍，按比例分享成果转化收益，纳入单位绩效工资总量，不作为绩效工资调控基数。建立校地人才双向交流机制，定期选派一批专业型干部到高校院所开展科技成果转化对接服务，探索推行“产业教授”“科级副职”“院士专家企业行”等项目，引导科技人才服务产业发展，助推产业迈向高端、挺进高地。

二是做大做强产业平台。积极争创国家吸引集聚人才平台，强化重大科技创新平台牵引功能，聚焦产业链和重点项目，抓住“卡脖子”“断链点”，打造一批工程研究中心、产业创新中心、技术创新中心，在关键核心领域建设一批新型研发机构，突出企业承载科技创新人才主体地位、推动科研成果快速转化，以创新平台和成果转化赋能城市发展。围绕重点产业链技术创新发展需求，引进带动效果明显的创新创业领军人才团队，鼓励组建以龙头企业为核心的产业技术联盟。推动企业发展规划与人才规划统筹布局、招商引资与招才引智紧密融合，着力形成“引进一个人才、集聚一个团队、培育一个企业、带动一个产业”的良好局面。

三是做实做好开放平台。畅通海外人才引进绿色通道，布局海外人才离岸创新创业基地，有效对接发达国家和地区的人才、项目和资源，大力吸引海外人才来长沙创新创业。[①] 加强具有开放视野的现代服务业人才队伍建设，努力吸引全球知名的会计师事务所、律师事务所、金融机构等现代服务组织落户长沙，加快引进、培育熟悉出口通关、外贸谈判、上市服务等方面的人才，吸引具有特许金融分析师（CFA）、注册管理会计师（CMA）、特许公认会计师（ACCA）等国际财会金融证书持证者留长沙发展。积极引进推动国际顶级学

① 陈修高，雷凤利，于博．沪粤人才国际化和高水平人才高地建设的比较与思考［J］．中国人事科学，2022（7）：33－42．

术会议、国际科技会展等高端会议活动在长沙举办，邀请诺贝尔奖得主、知名院士、学界领军人物宣讲，传播前沿科技、前瞻产业发展理念，打造世界级的人才交流平台，吸引高精尖人才关注和支持长沙发展。

（三）立足人才服务保障，优化人才发展生态

一是升级综合服务保障体系。整合全市人才工作力量，重点联系龙头企业、上市后备企业、“专精特新”企业、“隐形冠军”企业，实施“一企一策”精准服务，支持企业做大做强。通过同专家结对子，与人才交朋友的方式，及时掌握高层次人才思想工作生活情况，帮助人才解决实际困难。强化人才金融服务，长三角地区和珠三角地区的高质量快速发展证明，金融活跃，经济才能有活力，人才就会聚集。充实风险补偿基金，撬动银行信贷规模，提升对无担保、零抵押“优才贷”等金融产品的支持力度，为人才发展提供创业和生活资金。支持成立创投基金，引导企业和人才投身科技创新，形成浓厚的创业氛围。

二是提升省内一流高校本地生源录取率。一流高校本地生源录取率与毕业生本地就业率息息相关，录取本地生源是吸引留住青年人才的重要环节。政府相关部门、高校和人力资源机构应协同配合、齐抓共管，共同努力提升省内一流高校生源的本地录取率，积极协助对接企业建立综合性的实习实训、课程实践、就业指导平台，帮助高校在校生加强对长沙企业的了解和对接，大力提升一流高校青年人才在长沙的就业率。出台专门针对毕业生留长沙创业的财政金融扶持政策，吸引更多毕业生留长沙发展。加大对省内一流高校优秀毕业生留长沙住房补贴力度和人才引荐力度。研究制定进一步鼓励高校毕业生到基层工作的实施意见，支持引导高校毕业生到基层锻炼，成长成才。

三是强化人才政治引领和政治吸纳。积极搭建参政议政平台，持续加大高层次人才和海外人才担任各级“两代表一委员”的推荐力度，帮助人才树立正确的价值观，实现“留学初心”与“报国使命”的紧密结合。在疫情防控等急难险重任务中经受考验者，可火线入党。强化对高层次人才和海归人才的政治引领，建立日常学习与定期培训相结合的常态化思想政治引导机制，定期在党校、社会主义学院等地举办国情研修班、思想政治教育培训班，到革命遗址进行现场教学活动。打造“爱国文化＋人才社交＋创新创业”融合新场景，引导高层次人才和海归人才以实际行动主动融入“留学报国”建设中来，为长沙打造国家人才高地贡献智慧和力量。

四是将长沙打造成青年之城、梦想之城。通过打造“名声在外”的长沙引才聚才工程品牌，持续推广“我的梦想我的城”宣传品牌，讲好长沙故事，激发人才创新创业活力，厚植人才干事创业、爱国奉献情怀。设立长沙人才日，建设人才主题公园，优化提升长沙交通、文旅等设施，进一步擦亮长沙作为房价洼地、幸福高地、潮文化领地的网红城市名片，并结合长沙的人文优势、中小学教育资源优势和兼收并蓄的湖湘历史文化氛围，将长沙打造成为对青年人才最具吸引力的城市品牌，年轻人就业的首选地、理想实现地和青少年向往的游历求学目的地。

（曲婷，管理学博士，湖南省社会科学院人力资源与改革发展研究所助理研究员）

科技创新人才集聚的国际经验及对上海市浦东新区的启示

苏兰花

摘　要：上海市浦东新区做强科技创新引擎的关键在人才。笔者通过分析科技创新人才的内涵和基本特征，研究总结以美国硅谷和印度班加罗尔为代表的科技创新中心集聚人才的规律性经验，提出上海市浦东新区集聚科技创新人才的基本思路。

关键词：科技创新人才；经济；浦东新区

党的二十大强调，教育、科技、人才是全面建设社会主义现代化国家的基础性、战略性支撑。当前，为赢得新一轮发展优势，全球竞争从经济竞争、产业竞争前移到科技进步和创新能力竞争，科技创新成为决定国家和区域兴衰的战略焦点。进行科技创新，人才是关键。如果没有人才支撑，科技创新只能是一句空话。谁拥有一流的科技创新人才，谁就拥有了科技创新的优势和主导权。《中共中央　国务院关于支持浦东新区高水平改革开放打造社会主义现代化建设引领区的意见》要求上海市浦东新区加强基础研究和应用基础研究，打好关键核心技术攻坚战，加速科技成果向现实生产力转化。上海市浦东新区要全力做强创新引擎，打造自主创新新高地，需要研究和借鉴人才集聚规律和国际经验，加快集聚科技创新人才。

一、科技创新人才的内涵和基本特征

（一）科技创新人才的内涵

人才学研究认为，人才是在一定社会条件下，具有一定知识和技能，能以其创造性劳动，对社会或社会某方面的发展，作出某种较大贡献的人。[①] 根据这一定义界定科技创新人才，即在一定社会条件下，具有较高的科技创新能力，直接参与科技创新活动并为科技发展和社会进步作出重要贡献的人才群体。这一概念界定，明确了科技创新人才的内涵：第一，社会历史性。一定历史时期的科技创新人才，是该社会历史条件的产物。不同的历史时期，不同的社会形态对科技创新人才的要求各不相同。第二，创造性。科技创新活动本身是一种非一般性、非重复性的创造性探索实践活动。因而，直接参与科技创新活动的人才群体最根本的特征是创造性。第三，进步性。人才总是对社会或社会某方面的发展起某种积极推动作用。科技创新人才是技术进步的主要推动者，又是科技创新的唯一载体，对经济和社会发展起积极推动作用。

（二）科技创新人才的基本特征

1. 从内在素质来看，科技创新人才具有高智能素质

科技创新活动的对象，不论是在广度和深度上，还是在目标和任务上都是极其复杂的，需要综合地运用各种手段和工具，其中，既包括各种物质技术手段和不同学科专业的理论工具，也包括形象思维、抽象思维等思维工具和数学工具。[②] 这要求科技创新人才具有基础宽、功能厚、综合能力强、适应性强的高智能素质结构，既要专深，又要广博；既应对所在学科专业有专门的研究和专深的基础，又应对其他学科专业有广泛的了解。

2. 从外在实践来看，科技创新人才成长具有曲折性

科技创新活动是一个具有巨大不确定性的随机过程，这个过程必须投入大量的人力、物力、财力。但是由于受各种内外在不确定因素的干扰，科技创新活动的投入和结果并不存在简单的正相关关系。据统计，大约有 90% 的科技创新最终在转化为生产力之前夭折，科技创新具有极高的风险性。[③] 因此，科技创新人才的实践活动往往不能一次成功，需要经过多次反复，即使是成功者，往往也是在更多的失败者的工作和教训的基础上取得成功的。这反映出科技创新人才的成长过程，不是直线的、平坦的，而是迂回曲折、高低起伏的，具有明显的曲折性特点。

---

① 叶忠海. 人才学基本原理［M］. 北京：蓝天出版社，2005：115.

② 常东坡，赵国杰，王树恩. 当代科技创新的特点与科技创新人才的培养［J］. 自然辩证法研究，2005（4）：67－69.

③ 王刚. 我国科技创新型人才战略研究［D］. 北京：北京交通大学，2009.

3. 从价值实现来看，科技创新人才具有高价值性

科技创新成果一旦转化为生产力：一方面，必然对技术进步和经济社会发展产生一定影响，从而实现科技创新人才强烈的自我价值追求；另一方面，必然使得拥有成果的政府、机构、企业、个人在一定时期内赢得竞争优势，这一优势的价值实现就表现为高收益。因此，科技创新人才流动在追求经济价值的同时，还会追求事业上的成就感和被社会尊重的归属感等自身价值，而且随着人力层次的上升，这种对自身价值的追求会超过对经济价值的追求。

二、科技创新人才集聚的国际经验

（一）区位资源禀赋是科技创新人才集聚的基础条件

科技创新人才集聚形成的时机和地域选择并不是自发和盲目的，区域的原始资源配置状况促使其以本地区的优势资源为依托，大力发展那些与优势资源相匹配的产业，当这些产业发展起来以后，对与这些资源相关的人才需求也不断增多。另外，充裕的资源也会为区域经济和社会的全面发展打下良好基础，在发展过程中该区域渐渐成为科技创新人才向往的地方，由此很自然地形成了人才集聚。例如，印度卡纳塔克邦首府班加罗尔，这座曾经默默无闻的城市，在过去 20 多年里一举成为世界瞩目的“印度硅谷”和印度信息技术（IT）业的代名词，汇聚了印度 1/3 左右的 IT 人才。[①] 班加罗尔的人才优势离不开其得天独厚的资源条件。第一，班加罗尔是印度著名的高校和科研院所集中地，在科技人才培养和集聚方面具备天然优势。以班加罗尔为中心，集中了印度多所大学，包括以计算机专业为主的班加罗尔大学、印度管理学院、农业科技大学等，还有超过 290 所高等职业学院和高等专科学校。第二，印度的官方语言是英语，语言优势可以使班加罗尔的人才顺畅地与外界联系沟通和流动。受过高等教育的印度大学生，都能熟练地阅读英文文献和进行英语会话。第三，班加罗尔有宜居的环境。班加罗尔位于德干高原，四季气候宜人。作为印度高科技发展基地的首选城市，班加罗尔的空气质量很好，符合精密制造业研究发展的要求，也有利于吸引大批科技人才工作定居。[②]

①② 牛震. 班加罗尔：印度科技创新典范［N］. 文汇报，2014－10－23.

（二）政府扶持是科技创新人才集聚的重要条件

政府在保障和促进科技创新人才集聚方面发挥着非常重要的作用。例如，通过政策调控科技创新人才的流向、流速，避免人才流动的自发性、盲目性和无序性；通过加强制度供给，完善科技创新人才资源配置的制度环境，促进人才集聚。包括班加罗尔在内的印度各级政府在吸引国外人才方面采取的一系列政策、制度、措施，产生了巨大的科技创新人才集聚效应。一是对等承认双重国籍，吸引海外印度人才回流。2003 年，印度政府宣布正式对等承认双重国籍，对等承认主要对象有美国、英国、澳大利亚、芬兰和意大利等西方发达国家，因为这些国家是海外印度高级人才的主要聚集地。此外，海外出生的人，只要父亲或爷爷具有印度血统，都可以申请印度国籍，以便让海外印度裔人才消除回国顾虑，即便留在海外加入外国国籍也可保留印度国籍。双重国籍政策的出台，推动了海外印度人才的回流。二是设立“科学人才库”吸纳海外高层次人才。20 世纪 60 年代，印度政府开始投资创建“科学人才库”，吸引并接纳海归人才。为此，印度政府在主要发达国家建有海外专家人才数据库，尤其关注那些能为印度重点项目解决难题的人才。人才库的建立，使印度政府可以有效掌握海外人才分布，根据国家发展需要，有针对性地吸引人才回流或为印度服务。三是创设“海外印度人日”，凝聚海外印度裔人才。2003 年，印度政府决定每年举办一次规模盛大的“海外印度人日”，旨在吸引更多海外印度裔人才为印度建设出钱出力。这种以节日形式将国家政策品牌化，以民族群体凝聚人才的政府行为，产生了巨大的人才集聚效果。[①]

（三）产学研结合是科技创新人才集聚的重要途径

产学研结合是指企业、科研院所和高校之间的合作，通常主要是指以企业为技术需求方，与以科研院所或高校作为技术供给方之间的合作，也有一些综合性技术问题会涉及产学研三方的合作。产学研结合的实质是通过合理配置产学研各方资源，促进技术创新所需的各种生产要素的有效组合。[②] 从产学研结合的发展态势来看，产学研结合已经广泛地融入整个国家创新系统之中。具有代表性的便是美国硅谷。

---

① 金三林，来有为. 软件人才聚集区的发展经验与启示［N］. 中国经济时报，2013-02-28（5）.

② 王飞绒，吕海萍，龚建立. 政府在产学研联合中的影响分析：基于浙江省产学研调查情况［J］. 中国科技论坛，2003（5）：65-69.

美国硅谷人才资源密集，大学成为硅谷人才培养基地。当地大学为硅谷提供了大量的技术人才支持。美国硅谷所在地拥有包括世界著名的斯坦福大学、加利福尼亚大学伯克利分校、圣塔克拉拉大学和圣何塞州立大学在内的多所大学、专科学院和技工学校。这些高水平的大学和研发中心为硅谷高新技术企业发展提供充足的人力资源，并源源不断地向硅谷输送高水平的毕业生，鼓励学生创业，为硅谷高科技创新活动提供了强大的人才资源。同时，硅谷的企业也为在校生提供实习机会，双方形成了良好的互动。①

印度在班加罗尔设立了科研机构与研发中心，培养了大量科学家和工程师，并成长为印度科技界的中坚力量。此外，班加罗尔还有一些研究机构。在印度政府支持下，班加罗尔缔造了印度顶级的软件、通信、雷达、电子、导航等尖端技术研发中心。印度政府对这些研发中心的民营化、企业化改造，使班加罗尔成为世界顶级技术的创新、孵化中心。这些研发中心与大学系统合作的项目、人员以及知识流动，使班加罗尔数以万计的大学毕业生能胜任美国本土的尖端科技工作岗位。大量的教育和科学研究机构保证班加罗尔拥有丰富的人才储备，也是班加罗尔产业族群持续发展的推动力。②

（四）培养机制创新是科技创新人才集聚的重要环节

创造性是科技创新人才的本质属性，要培养和集聚具有创造性的人才，就要创新人才培养机制。美国硅谷不仅吸引世界各国的优秀人才，而且为创新人才的成长创造了宽松的创业环境。美国硅谷的一些大学专门为教员和科研人员的创业制定了积极政策，例如，美国斯坦福大学允许教员和科研人员每周有1天到公司兼职，甚至有1—2年时间离岗创业；印度班加罗尔则注重多层次的软件人才队伍培养。人才培养方面，班加罗尔主要有三条途径：一是公立学校培养，主要是当地大学的理工学院和研究机构；二是民办或私营的各类商业性软件人才培训机构；三是软件企业自己建立培训机构，形成产业化的IT职业教育环境。丰富的软件人才储备降低了班加罗尔的科技园的人力资本成本，提升了软件企业和软件产业的国际竞争力。

（五）高收益是科技创新人才集聚的驱动因素

价值规律对科技创新人才配置起着关键作用，科技创新人才的价值是通过

---

① 钱炜，汪中厚．产学研模式是培养卓越工程师人才的重要途径［J］．科技创新导报，2014（29）：1．

② 黄亮．国际研发城市的特征、网络与形成机制研究［D］．上海：华东师范大学，2014．

市场价格来体现的。那些收入提高较快的国家和地区对科技创新人才尤其是高层次科技创新人才有着更大的吸引力，未来收入最大化和收入水平的不断提高已经成为吸引科技创新人才的主要条件。在美国硅谷，技术同资金等生产要素一样享有价值索取权。很多技术人员就是靠技术起家，以技术、知识投资入股，成为拥有巨额财富的创业资本家。而且，绝大多数企业都建立了期权、期股制度，持有企业股份是对员工的一个巨大诱惑。这不仅解决了技术开发的激励问题，而且将普通技术人员与企业成败荣辱联系在一起。在印度班加罗尔，自20世纪80年代以来，历届政府在税收、股权、金融、待遇等方面都制定了一整套优惠政策，吸引了大批印度海外科技人才回国。

（六）文化是科技创新人才集聚的重要影响因素

文化是一种软环境，是由人的行为方式、思维方式和知识结构等因素长期形成的，是一个国家、民族和地区文化底蕴的具体表现。特色鲜明、兼容并包、开放、具有时代感的文化往往对科技创新人才会产生极大的吸引力。一旦科技创新人才能在文化环境中能够找到与自己价值观、人生观和理想接近的因素，他们就会流入该环境所在的地区。美国硅谷形成了一套有利于高新技术企业创业的独特文化，这是美国硅谷成功的精髓。美国学者安纳利·萨克森宁（Annalee Saxenian）在其著作《地区优势——硅谷和128公路地区的文化与竞争》中认为，单纯从技术和人力资源角度，不能区别美国硅谷与128公路地区的优劣，它们之间的根本差异在于美国硅谷具有一种更适合高技术企业发展的机制和文化氛围。美国硅谷盛行着善于创新、敢冒风险的价值观念。美国硅谷有着成千上万的创业家在“游动”，他们以创业为工作，以创业为乐趣。硅谷人的生活和工作观就是“活着为了工作”。硅谷人是工作狂，他们把工作本身看作乐趣。硅谷人往往能慧眼识珠，不会放过任何一个出色的技术成果，往往又收放自如，能以最快的速度拉来风险投资，功成身退。许多硅谷的技术人员和企业家认为：只要抓住机遇，勇于冒险，机会将会永存，即使失败了也没有什么关系。硅谷文化强调知识共享、相互学习和交流，特别是非正式的交流非常活跃，咖啡馆、俱乐部、舞厅、健身房、展示会都是交流的好去处。硅谷文化还对跳槽和裂变模式给予足够的鼓励和宽容。硅谷文化的形成和发展完全来源于市场机制的生机和活力。[①]

① 张克俊．中关村科技园区VS美国硅谷的比较［J］．高科技与产业化，2005（8）：52－55．

三、对浦东新区的启示

借鉴国外科技创新人才集聚经验，笔者认为，浦东新区要通过提升科技创新能力来解决资源紧张、产业竞争力不够等问题，推动经济转型升级。同时，要解决好区域内的科技资源相对匮乏、经济外向型程度比较高的问题，尤其要发挥好政府在集聚科技创新人才方面的作用。要通过制定总体人才战略规划、优化资金等扶持政策、建立基础研究平台和公共服务平台等措施，充分发挥调控、引导和服务功能。

（一）拓展全球科技创新人才网络

浦东新区要全力做强创新引擎、加快关键技术研发、打造世界级创新产业集群，面向全球延揽各类创新人才，实施全球高端人才集聚工程。聚焦重点领域，以重大项目为牵引，面向全球“揭榜挂帅”，积极吸纳高层次人才团队。第一，针对重点产业、重大科学装置，构建重点领域的全球人才信息库或者重点绘制全球重点领域的人才分布图，及时分析全球高端人才的动态，为引进全球高端人才引进奠定基础。第二，逐步推进浦东新区全球人才服务网络建设。借鉴国际经验，在全球重点人才集聚区域设立人才联系工作站，全面负责海外人才的信息收集、引进海外人才、浦东新区高端人才的国际化经营的服务等综合工作。第三，发展人才联系的各类国际性组织机构，举办各类国际性人才活动，增强浦东新区与全球人才网络的多种联系。加大引进国际人才组织与机构，联合浦东新区的企业与组织，举办各类大型学术论坛、会议，增加人才的国际联系。第四，继续完善提升离岸创业基地建设，增强浦东新区创新创业的海内外联系。

（二）优化科技创新人才发展体制机制

构建更加开放、更加便利的人才服务体系。在薪酬激励、出入境通行、永久居留、跨境执业和移民融入等方面推行一批首创政策。深化紧缺人才引进落户机制。加强对优秀创新创业团队成员，青年科技人才，以及重点企业、重大项目、重要功能平台引进紧缺急需人才的扶持，将自贸试验区内符合重点产业领域的用人单位，优先纳入人才引进重点机构范围。实施硬核产业紧缺人才引育工程。研究和制定支持硬核产业人才发展的综合扶持政策，探索建立集成电路、生物医药和人工智能人才评价标准，针对紧缺急需人才适当放宽相关审批领域准入门槛，加快核心技术人才队伍培育。强化创新人才培养使用机制，构建全链条引进培养体系，优化事业支持机制，降低生活安居成本。聚焦集成电路、生物医药、人工智能等领域，探索建立以市场为导向的人才培养机制、人才使用机制。健全技术技能人才评价机制。优化人才分类标准体系，创新重点产业支撑评审机制、技能人才等级自主认定机制等。

（三）推动“创新”成为根植浦东社会的活力基因

浦东新区随着我国经济发展不断发生变化，从一片片农田变成高楼林立、车水马龙的繁忙城市，GDP 大幅增长，见证了“浦东速度”；高楼越建越多，高度不断刷新，彰显着“浦东高度”。与此相比较，浦东新区的“创新”气质总是不足。真正的全球科技创新中心，最终应体现到文化层面，这需要强化政府引导，以政策创新带动科技创新、产业创新。加强对创业创新的系统支持，推动“创新社区”“创新楼宇”建设，大力营造“创客浦东”“创意浦东”的良好氛围，形成敢于冒尖、敢于行动、敢于失败的文化，将浦东新区建成国家创新中心，最终使创新精神成为浦东新区这座城市的文化基因，成为城市上空的空气，成为整座城市蓬勃涌动的创新力。

（苏兰花，上海市浦东新区行政学院讲师）

人才政策研究

长三角地区城市人才引进政策的经济发展效应评估

——基于多时点双重差分法的实证检验

马抗美　易　明

摘　要： 近年来，国内各大城市“抢人大战”愈演愈烈，许多城市陆续出台人才引进政策。为了分析城市人才引进政策是否推动了地区经济社会的发展，有必要对政策实施效果进行系统评估和检验。笔者通过多时点双重差分法（DID）对长三角地区城市人才引进政策的实施效果进行实证分析，发现长三角地区的城市人才引进政策显著带动了地方的经济增长，提高了当地的创新能力，但对经济发展质量的影响有待提升。为此，应从健全创新成果向生产力转化机制、加大企业人才引进的政策支持力度、建立区域人才协同发展机制等方面完善城市人才引进政策。

关键词： 人才引进政策；区域经济；长三角；双重差分法

一、引　言

目前，中国正处在快速城镇化进程中，人才集聚是影响我国新型城镇化推进和促进区域经济高质量发展的关键因素。党的十八大以来，我国逐渐明确了人才引领发展的战略地位，作出全方位培养、引进、使用人才的重大部署。党的十九大报告指出，人才是实现民族振兴、赢得国际竞争主动的战略资源。2021 年 9 月，习近平总书记在中央人才工作会议上指出，人才效能持续增强。人才对经济社会发展的贡献逐年提升。[①] 党的二十大报告中指出，必须坚持科技是第一生产力、人才是第一资源、创新是第一动力，深入实施科教兴国战略、人才强国战略、创新驱动发展战略，开辟发展新领域新赛道，不断塑造发

① 习近平. 深入实施新时代人才强国战略　加快建设世界重要人才中心和创新高地［N］. 人民日报，2021－09－29（1）.

展新动能新优势。创新驱动发展的时代背景下，人才资源对推动经济高质量发展的作用日益凸显。

长三角地区作为全国经济发展的排头兵，其中的很多城市出台了人才引进政策，是我国率先实施人才引进政策的示范区域。以长三角地区为例，研究人才引进政策对经济发展效应的影响，具有很强的代表性。据2018年《长三角地区数字经济与人才发展研究报告》显示，长三角地区城市群对国内其他地区的人才流入与流出比为1.06，人才集聚效应显著。面对新时期以人才资源驱动经济长期高质量发展的要求，人才引进政策的实施效果如何？对该区域的经济发展水平有何种影响？作用机制如何？这些问题的回答，有赖于对目前已实施的城市人才引进政策的经济发展效应进行科学系统的评估与检验。

二、文献回顾

随着国家坚持人才引领发展的战略地位，国内外局势变化导致人才政策调整。近年来愈演愈烈的城市人才争夺战，引发了各界对人才引进政策的关注。

从对象上看，大量文献对海外科技人才引进、创新创业人才引进、高校人才引进展开了细致的分析与评估，集中了学界的主要关注点。从内容上看，现有研究主要集中在人才引进政策现状的文本分析和政策实施效果评价两个方面。

（一）政策现状文本分析方面

朱军文等在梳理和分析各省级政府出台的海外人才引进政策后发现，不同区域间海外人才引进的力度差异较大，人才引进周期相对集中，区域间人才资源争夺激烈，差距有逐渐拉大的趋势。① 刘晓光等从人才界定、领域范围、资金支持、生活保障、激励措施和后期培养等方面对四川、江苏两省的高层次人才引进政策文本进行对比分析，探索了其中的共性、差异与存在的问题。② 苏立宁等比较分析了2006—2017年长三角地区三省一市人才引进政策的差异与共性。③ 孙锐等基于“时间—主体—工具—机制—效果”框架对2007—2020年

① 朱军文，沈悦青．我国省级政府海外人才引进政策的现状、问题与建议［J］．上海交通大学学报（哲学社会科学版），2013（1）：59－63，88．

② 刘晓光，黄偃．我国东西部高层次人才引进政策文本比较：以四川省和江苏省为例［J］．科技管理研究，2018（24）：31－56．

③ 苏立宁，廖求宁．“长三角”经济区地方政府人才政策：差异与共性：基于2006—2017年的政策文本［J］．华东经济管理，2019（7）：27－33．

地方创新创业人才引进政策的发文主体、政策工具类型、政策协作机制、政策实施效果进行了分析。[①]

（二）政策实施效果评价方面

张兰霞等采用质量功能展开（QFD）方法，从四个目的（引得进、留得住、用得好和流得动）和六个维度（招聘、使用、培养、激励、考核和退出）等方面评价了辽宁省海外科技人才引进政策的实施效果。[②] 陈秋玲等发现，人力资本流动显著地激励了个体创新行为，提升了该地区教育投入与创新活动的产出。[③]

具体到人才引进政策对区域经济的影响方面的研究，则数量较少。罗哲等运用 CiteSpace 知识图谱可视化软件，对中国知网上关于我国 1979—2019 年人才政策的所有研究文献进行分析后发现，学界多基于人才政策内容和过程开展人才政策效果评价，较少关注人才引进政策作用于区域经济发展的现实影响。[④] 史梦昱等通过动态空间杜宾模型方法（SDM）进行实证分析，发现长三角地区城市群人才引进政策与区域人力资本积累和产业集聚呈正相关性，推动了区域产业结构升级和经济增长。[⑤]

通过对现有文献的梳理发现，第一，当前学界对人才引进政策文本分析的相关研究较多，但对人才引进政策对区域经济影响的相关研究较少，尚处在起步阶段。第二，学界已有研究多为文本研究与定性研究，缺乏一整套较为完善细分的政策效果指标评价体系。第三，人才引进政策研究的样本选取与研究方法尚存在一定局限性，使得现有研究在对人才引进政策是否影响地区经济发展的效应评估方面，还存在一些争议，人才引进政策是否真正推动和多大程度推动了地区经济发展，政策实施效应有待进一步检验和考察。第四，已有文献关于人才引进政策是否推动经济发展的实证研究，往往只选取某地某年的人才引进政策，通过对比人才引进政策出台前后绩效的方法（属于单差法）来验证。即使排除出台人才引进政策的因素，其他经济增长的驱动因素也会使该地经济

① 孙锐，孙雨洁．我国地方创新创业人才引进政策量化研究［J］．科学学与科学技术管理，2021（6）：29－44．

② 张兰霞，宋嘉艺，王莹．基于 QFD 的海外科技人才引进政策实施效果评价：以辽宁省为例［J］．技术经济，2017（5）：28－33．

③ 陈秋玲，黄天河，武凯文．人力资本流动性与创新：基于我国人才引进政策的比较研究［J］．上海大学学报（社会科学版），2018，35（4）：124－140．

④ 罗哲，唐迩丹．我国人才政策的演变趋势与发展方向：基于 CiteSpace 知识图谱分析［J］．软科学，2021，35（2）：102－108．

⑤ 史梦昱，沈坤荣．人才引进政策的经济增长及空间外溢效应：基于长三角城市群的研究［J］．经济问题探索，2022（1）：32－49．

的绩效发生变化。单因素方差分析未能选取出有效的对照组，不能在排除其他影响因素的情况下，识别出人才引进政策的实施对于该地经济发展的净影响，因而研究结果较为不准确。

与以往研究相比，本研究的边际贡献有以下两点。第一，采用了多时点双重差分法，对长三角地区 40 个地级市的人才引进政策对经济发展效应的影响展开了实证分析。得益于更为科学的研究方法，本研究系统检验了人才引进政策对地区经济发展的直接作用，对于进一步优化城市人才引进政策，强化人才集聚，促进地区经济高质量发展，具有重要的理论和政策意义。第二，多时点双重差分法包含对比分析，可以排除非人才引进政策的影响因素，克服了以往研究中出现的估计偏差，可以有效识别出人才引进政策对经济发展的净效应。

三、理论机制与研究假设

马克思在《资本论》中说道，劳动生产力是由多种情况决定的，其中包括工人的平均熟练程度、科学的发展水平和它在工艺上的运用程度、生产过程的社会结合、生产资料的规模和效能，以及自然条件。[①] 也就是说，发展生产力不仅需要开发各种物质资源和技术手段，更需要科学地统筹运用各种资源的智力和管理技能，即人才资源。这说明，人才资源是社会生产过程中不可替代的资源，是经济社会发展最重要、最具决定性的资源之一。

从长期来看，人力资源和人才是经济持续增长最重要的源泉。笔者这里借用经济学中经典的生产函数——柯布 - 道格拉斯（Cobb - Douglas）生产函数来阐明人才在经济增长中的作用，其表达式如式（1）：

$$Y = A L^{\alpha} K^{\beta} \quad (0 < \alpha,\ \beta < 1) \qquad \text{式（1）}$$

其中，Y 代表产出水平（即国内生产总值），A 代表技术进步，L 代表劳动力的投入，K 为资本投入，α 和 β 分别为产出中资本和劳动的份额。这个公式指出了经济增长的三个主要来源：技术进步、劳动力投入和资本投入。人才作为一种高端的劳动力资源，不仅可以优化普通劳动力的使用和布局、提高劳动力投入的效率，还可以深度参与到技术创新中，促进技术进步。此外，根据新古典经济增长理论，劳动力和资本的持续投入只能提高产出水平，并不能提高产出的增长率；长期经济增长的唯一来源是技术进步。因此，各地通过实施人

① 马克思．资本论：第 1 卷［M］．中共中央马克思恩格斯列宁斯大林著作编译局，译．北京：人民出版社，2004．

才引进政策引入的大量高素质人才不仅可以通过提高劳动力投入的水平和效率来提高产出水平，还可以通过促进技术进步为经济的持续发展输入源源不断的动力。基于以上理论分析，笔者提出假设1：城市人才引进政策的实施能够促进当地的经济增长水平。

创新（innovation）这一概念和创新理论首先由约瑟夫·熊彼特（Joseph Schumpeter）提出。熊彼特认为，创新既包括产品创新和技术创新，也包括组织创新和市场创新等。技术创新分为颠覆性创新和延续性创新，颠覆性创新指取代现有技术的、取得重大突破的创新，延续性创新指通过引进、吸收等途径改进现有技术的创新。不论是颠覆性创新还是延续性创新，人才始终是最重要的参与主体。邹薇等利用内生增长模型就发展中国家对发达国家的技术模仿和经济赶超问题进行分析后认为，人力资本积累的程度与水平，是一个地区是否能实现科技创新的关键因素。[①] 葛雅青利用区位商、探索性空间分析法与空间面板计量方法，分析了区域国际人才集聚对区域创新的影响，认为人才集聚促进了技术创新。[②] 基于以上分析，笔者提出假设2：人才引进政策的实施有利于提高创新能力。

高质量人才不仅会推动技术创新，还将参与到各类制度创新和组织变革中，促进制度创新、提高组织运行效率，进而降低企业的交易费用和制度性交易成本，健全市场机制、提高资源的配置效率。夏杰长等的研究表明，降低企业的交易费用有利于生产效率的提高和经济增长。[③] 乔彬等通过实证研究表明，降低交易成本可以显著促进区域全要素生产率。[④] 石大千等的研究表明，智慧城市建设可以通过降低企业的交易费用来提高全要素生产率。[⑤] 季小立等对人才集聚的创新路径进行分析后提出，人才集聚促进了区域社会资本积累，降低了创新成本与风险，强化了规模报酬递增效应，有利于提高科技创新效率。[⑥] 人才的聚集有利于提升高技术制造业和生产性服务业的聚集。杨浩昌等的研究表明，高技术制造业和生产性服务业的聚集可以通过提高技术效率显著提高全

① 邹薇，代谦．技术模仿、人力资本积累与经济赶超［J］．中国社会科学，2003（5）：26－28，205－206．

② 葛雅青．中国国际人才集聚对区域创新的影响：基于空间视角的分析［J］．科技管理研究，2020（6）：32－41．

③ 夏杰长，刘诚．行政审批改革、交易费用与中国经济增长［J］．管理世界，2017（4）：47－59．

④ 乔彬，张蕊，张斌．制度性交易成本、产业集中与区域全要素生产率［J］．南京社会科学，2018（12）：41－49，65．

⑤ 石大千，李格，刘建江．信息化冲击、交易成本与企业TFP：基于国家智慧城市建设的自然实验［J］．财贸研究，2020（3）：117－130．

⑥ 季小立，龚传洲．区域创新体系构建中的人才集聚机制研究［J］．中国流通经济，2010（4）：73－76．

要素生产率。[①] 基于以上分析，笔者提出假设3：人才引进政策的实施，通过促进制度创新、降低交易费用、提高技术效率，来提高经济发展的质量。

四、研究方法与数据说明

（一）模型的选择与构建

双重差分法常用于检验各种政策的实施效果，其基本原理如图1所示。在没有政策干预之前，实验组（treatment group，又称“处理组”）和控制组（control group，又称“对照组”）之间原本存在的差异为 α，政策实施之后，实验组和控制组之间的差异变为 $\alpha+\beta$，则 $\alpha+\beta$ 与 α 之差（β）即为政策的净效应。

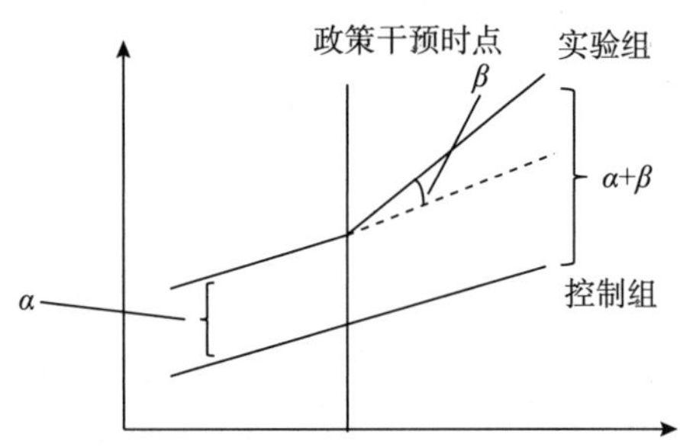

图1　双重差分法基本原理

奥利·阿申费尔特（Orley Ashenfelter）首次提出经典双重差分估计模型。[②] 周黎安等利用双重差分法评估我国农村税费改革对农民收入的影响，首次将该方法引入国内。[③] 长三角地区是我国最早实施人才引进政策的地区之一，由于各个城市的人才引进政策的实施时间不尽相同，其过程类似试点性的政策，可看作一个“准自然实验”，笔者采用多时点双重差分法来分析城市人才引进政策对经济增长的影响，基本回归模型如式（2）：

$$gdp_{it} = \alpha + \beta\, did_{it} + \gamma\, X_{it} + \mu_i + \lambda_t + \varepsilon_{it} \qquad \text{式（2）}$$

其中，下标 i、t 分别表示城市和年份，其中：$i=1$，2，…，40；$t=2000$，2001，…，2015。被解释变量 gdp_{it} 为城市 i 在 t 年的地区生产总值；did_{it} 为政策

① 杨浩昌，李廉水，刘军．产业聚集与中国城市全要素生产率［J］．科研管理，2018（1）：83－94．

② ASHENFELTER O. Estimating the effect of training programs on earnings［J］. Review of Economics and Statistics，1978，60（1）：47－57．

③ 周黎安，陈烨．中国农村税费改革的政策效果：基于双重差分模型的估计［J］．经济研究，2005（8）：44－53．

虚拟变量，若城市 i 在 t 年实施了人才引进政策，则该市在 t 年及之后的年份 did_{it} 取值为 1，否则为 0；μ_i 为个体固定效应，λ_t 为时间固定效应，X_{it} 为一系列控制变量，ε_{it} 代表随机性冲击。该模型中，β 是核心估计参数：如果 $\beta>0$，说明城市人才引进政策促进了经济增长；反之，则说明人才引进政策抑制了经济增长。

（二）样本选取说明

笔者旨在评估长三角地区城市人才引进政策对经济发展的影响，样本为长三角地区除上海以外的 40 个地级及以上城市。选取样本时之所以剔除上海，基于以下考虑：上海作为我国的国家中心城市和超大城市，其在资源禀赋、经济发展基础、基础设施、产业结构、制度环境、创新能力、人才吸引力等方面，均与长三角地区其余城市存在明显差异，而且上海作为直辖市，行政级别高于其他城市。

笔者在对政策文献进行梳理和比较后发现，目前各市出台的人才引进政策较为混乱，呈现零散和碎片化特征，其出台时间、政策内容、限定目标群体等都存在较大差别，很难统一。由于不同内容的政策之间，无法进行统一比较分析，因此在选取每个城市最早颁布的综合性人才引进政策上，笔者对挑选的研究对象界定如下：①作为正式文件大范围实施的；②针对全市范围的；③有明确的数据和政策内容，可以量化分析，不是纯精神和要求性的；④同时具备最重要的两类政策内容，一是奖金、津贴、项目等资金补贴类资助，二是住房补贴、安家费、房票等以住房为核心的生活配套福利；同一年内先后实施的，不同方面的政策，涉及奖金和住房，但同属一套政策的，视为一个政策。

考虑到每个版本的人才引进政策均具有若干年的周期性，而且人才引进政策的实施效果在颁布后需较长一段时间方可显现和检验，笔者以 2015 年作为分界线（若时间设置较晚，则对照组城市数量欠缺，且政策检验效度不足），2015 年后颁布大规模实施的综合性人才引进政策的城市，均列入对照组。如表 1 所示，在样本选取情况中，实验组城市共计 19 个，控制组共计 21 个。人才引进政策信息均从各城市市政府官网“政府信息公开”栏目以及市人力资源和社会保障局、市委组织部、人才办、科技办、人才市场等官方网站中搜集。

表 1　样本选取情况

组别	城　市
实验组	南京市、无锡市、苏州市、南通市、镇江市、泰州市、杭州市、湖州市、舟山市、金华市、绍兴市、台州市、丽水市、衢州市、宁波市、常州市、淮安市、徐州市、扬州市
控制组	盐城市、宿迁市、嘉兴市、温州市、阜阳市、宿州市、滁州市、六安市、宣城市、池州市、亳州市、合肥市、蚌埠市、淮南市、铜陵市、马鞍山市、淮北市、芜湖市、安庆市、黄山市、连云港市

（三）变量处理

1. 被解释变量

被解释变量为城市的地区生产总值（*lgdp*）、人均地区生产总值（*lpergdp*）、专利申请量（*lpatent*）、财政科技支出（*lscience*）、全要素生产率（*tfpch*），旨在评估人才引进政策对城市经济增长和经济质量的影响。

2. 核心解释变量

核心解释变量是城市人才引进政策这一虚拟变量，用 *did* 表示。如果某一城市当年实施了人才引进政策，则该城市当年及之后的年份 *did* 取值为 1，否则为 0。

3. 控制变量

为了更加准确地评估人才引进政策对全要素生产率的影响，笔者参照柳天恩①、曹清峰②、郭松洋③等已有研究的做法，选取固定资产投资水平、净出口、国内消费、税率水平、教育水平、实际利用外资、人力资本等作为控制变量。表 2 示出了主要变量及处理方法。

表 2　主要变量及处理方法

变量类型	变量名称	处理方法
被解释变量	地区生产总值（*lgdp*）	GDP 总量的对数值
	人均地区生产总值（*lpergdp*）	人均 GDP 的对数值
	专利申请量（*lpatent*）	专利申请总量的对数值
	财政科技支出（*lscience*）	财政支出中科技支出总额的对数值
	全要素生产率（*tfpch*）	*pftch* 指数

① 柳天恩，田学斌，曹洋．国家级新区影响地区经济发展的政策效果评估：基于双重差分法的实证研究［J］．财贸研究，2019（6）：24－35．

② 曹清峰．国家级新区对区域经济增长的带动效应：基于 70 大中城市的经验证据［J］．中国工业经济，2020（7）：43－60．

③ 郭松洋．设立国家级新区的增长与协同效应研究：基于双重差分法的实证检验［J］．兰州学刊，2020（3）：120－130．

续表

变量类型	变量名称	处理方法
核心解释变量	人才引进政策虚拟变量（*did*）	（0，1）
控制变量	固定资产投资水平（*lfix*）	固定资产投资总额的对数值
	净出口（*nx*）	出口总额与进口总额的比值
	国内消费（*lconsume*）	全社会商品零售总额的对数值
	税率水平（*tax*）	一般公共预算收入与 GDP 的比值
	教育水平（*ledu*）	普通高等教育在校生数量的对数值
	实际利用外资（*lfc*）	当年实际利用外商直接投资额
	人力资本（*lpopu*）	年末常住人口的对数值

（四）数据来源说明与描述性统计

本研究所用数据均来自中国城市统计年鉴，部分数据来自各市统计年鉴和国民经济与社会发展统计公报，个别残缺数据采用插值法补齐。表 3 示出了主要变量的描述性统计。

表 3　主要变量的描述性统计

变量名	观测值	均值	标准差	最小值	最大值
city	640	20.5	11.552	1	40
year	640	2007.5	4.613	2000	2015
plocytime	640	2013.05	4.228	2004	2021
did	640	0.212	0.409	0	1
advance2	640	0.314	0.465	0	1
advance3	640	0.375	0.485	0	1
second	640	49.515	9.139	21.64	74.73
treat	640	0.475	0.5	0	1
effch	520	1.025	0.137	0.606	1.978
techch	520	0.982	0.165	0.276	3.581
pech	520	1.013	0.101	0.686	1.673
sech	520	1.012	0.089	0.74	1.659
tfpch	520	1.002	0.214	0.246	4.534
lgdp	640	16.015	1.113	13.273	18.793
lpergdp	640	10.039	0.963	7.721	12.29
lfiscal	640	13.32	1.34	10.41	16.563
lexport	608	11.922	2.28	6.512	17.029
lfc	640	10.22	1.781	4.585	13.728
lpopu	640	5.976	0.608	4.234	6.96
lscience	520	9.635	2.103	3.871	13.691
ledu	637	10.456	1.212	5.922	13.608
lconsume	640	14.938	1.134	12.225	17.665

续表

变量名	观测值	均值	标准差	最小值	最大值
lpatent	640	6.752	2.031	1.792	11.419
lfix	640	15.312	1.366	11.422	17.919
tax	640	0.072	0.025	0.022	0.176

（五）平行趋势检验

采用双重差分法评估城市人才引进政策对经济发展的影响，必须满足一个前提，即在人才引进政策未实施的情况下，实验组和控制组之间的发展趋势是平行的，不随时间发生系统性差异，即满足平行趋势（paralell trend，又称共同趋势）。笔者通过借鉴的方式①，采用事件研究法（event study methodology），设定如式（3）所示计量模型来进行共同趋势检验：

$$gdp_{it} = \alpha + \sum_{j=-6}^{j=6} \delta_j did_{it}^j + \gamma X_{it} + \mu_i + \lambda_t + \varepsilon_{it} \qquad 式（3）$$

图 2 为平行趋势检验的回归结果，横轴表示政策时点，0 代表政策实施当期，笔者将政策实施前第一期作为基准期，纵轴表示系数的估计值。在城市人才引进政策实施之前的 6 年内，系数 δ 在 0 附近波动（95% 的置信区间均包含了 0），这表明城市人才引进政策实施之前实验组和控制组不存在显著的系统性差异，变动趋势平行，即满足平行趋势假设，本研究可以使用双重差分法。

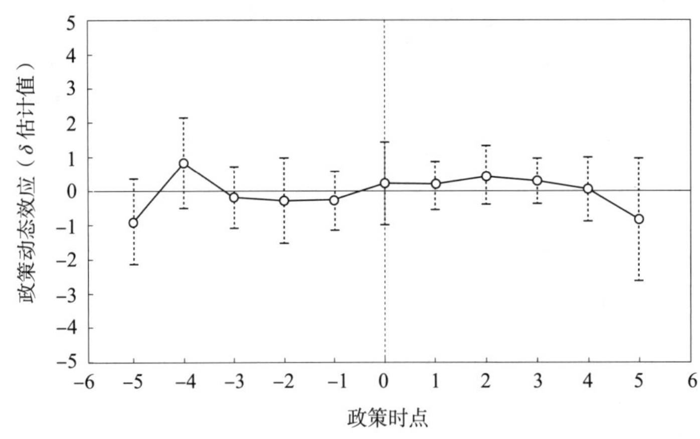

图 2　平行趋势检验

① BECK T, LEVINE R, LEVKOV A. Big bad banks? The winners and losers from bank deregulation in the United States [J]. Journal of Finance, 2010, 65 (5): 1637-1667.

五、实证结果分析与检验

首先，通过基准回归分析考察人才引进政策对地区经济增长效应的影响。其次，通过反事实检验、变量替换、安慰剂检验，证明结论的稳健性。最后，研究政策实施对专利申请量、科技支出占财政支出的比例以及全要素生产率的作用，分析人才引进政策对创新和发展质量的影响。

（一）基准回归分析

表4为式（2）的回归结果，①②两列没有控制变量，③④两列是加入控制变量后的回归结果。①列为 *lgdp* 对政策虚拟变量 *did* 的回归结果，回归系数为正且在1%的水平下显著，表明城市人才引进政策对地区GDP产生了显著的正效应，回归系数1.152表示人才引进政策的实施对GDP的贡献约为1.152个单位；同理，②列为 *lpergdp* 对政策虚拟变量 *did* 的回归结果，回归系数为正且在1%的水平下显著，表明人才引进政策的实施对人均GDP产生了显著的正效应，系数1.114表示人才引进政策的实施对人均GDP的贡献约为1.114个单位。③④两列是加入第二产业占比、人力资本、固定资产投资水平、教育水平、税率水平、国内消费、净出口等一系列控制变量后的回归结果，虽然回归系数值大幅降低，对GDP和人均GDP的贡献分别为0.128和0.139个单位，但是依然在1%的水平下显著，这说明综合考虑其他因素后政策对经济增长的正效应依然十分显著；加入控制变量后，回归系数变小是因为GDP和人均GDP的变动不仅来源于人才引进政策的实施，还有固定资产投资、人口、消费、出口等因素，在综合考虑这一系列影响经济增长的变量之后，模型更加接近现实中经济发展的实际情况，人才引进政策的回归系数变小是在趋向于真实的净效应。

表4　基准回归结果

序号	①	②	③	④
变量名	*lgdp*	*lpergdp*	*lgdp*	*lpergdp*
did	1.152*** (0.0266)	1.114*** (0.0274)	0.128*** (0.0316)	0.139*** (0.0311)
控制变量	否	否	是	是
constant	15.77*** (0.00566)	9.802*** (0.00581)	7.624*** (0.322)	2.710*** (0.344)

续表

序号	①	②	③	④
时间效应	是	是	是	是
个体效应	是	是	是	是
观测值	640	640	605	605
R2	0.314	0.331	0.963	0.959

注：括号内为聚类稳健标准误；***、**、*分别表示在1%、5%和10%的水平下显著；所有回归均采用了以城市为聚类变量的聚类稳健标准误；下同。

从加入控制变量后的回归结果还可以发现，在长三角地区消费已经成为带动经济增长的主要因素，对GDP和人均GDP的贡献分别为1.7和2.1个单位，其重要性远远超过了投资（对GDP和人均GDP的贡献分别为0.39和0.37个单位）和出口（对GDP和人均GDP的贡献均为0.11个单位）。

这说明长三角地区城市人才引进政策的实施在带动地区经济增长方面已经发挥了显著的作用，成为促进当地经济增长的新的动力。这一结果验证了假设1的成立。

（二）稳健性检验

1. 反事实检验

为了进一步检验式（2）回归结果的稳健性，笔者借鉴刘瑞明等已有研究的做法①，通过改变政策执行时间进行反事实检验。

反事实检验的回归结果如表5所示，*advance2* 和 *advance3* 分别为将人才引进政策的出台时间统一提前2年和3年的虚拟变量。回归系数在统计上均不显著，说明将执行时间提前2年或3年后，政策的实施对经济增长没有显著的影响，进一步说明GDP和人均GDP的变化与人才引进政策的实际出台时间相吻合，即基准回归结果中GDP和人均GDP的变化正是来自人才引进政策的实施，而不是其他随机性因素。

表5　反事实检验

序号	①	②	③	④
变量名	*lgdp*	*lpergdp*	*lgdp*	*lpergdp*
advance2	-0.0123 (0.0308)	0.0353 (0.0228)		

① 刘瑞明，赵仁杰. 国家高新区推动了地区经济发展吗?：基于双重差分方法的验证［J］. 管理世界，2015（8）：30-38.

续表

序号	①	②	③	④
advance3			0.00113 (0.0259)	0.0325 (0.0192)
constant	14.95 *** (0.0246)	9.028 *** (0.0215)	14.95 *** (0.0245)	9.028 *** (0.0216)
时间效应	是	是	是	是
个体效应	是	是	是	是
观测值	640	640	640	640
R2	0.978	0.980	0.978	0.980

2. 变量替换

本部分采用变量替换的方式对式（2）的回归结果进行稳健性检验，分别用财政收入、出口总额、社会消费品零售总额代替地区生产总值进行回归分析。回归结果表明，没有控制变量时，人才引进政策对财政收入、出口总额和社会消费品零售总额的促进作用分别为1.6、1.5和1.3个单位，均在1%的水平下显著；加入第二产业占比、常住人口、固定资产投资、教育水平、税率水平等一系列控制变量后，人才引进政策对财政收入、出口总额和社会消费品零售总额的促进作用分别为0.3、0.38、0.26个单位，且在1%的水平下显著。

这说明，不论是用地区生产总值还是用财政收入、出口总额或社会消费品零售总额来衡量经济水平，人才引进政策的实施都对以上指标产生了显著的正效应，再次证明城市人才引进政策的实施显著促进了当地的经济增长。

3. 安慰剂检验

笔者借鉴余泳泽等的方法[①]，通过随机生成实验组与控制组来进行安慰剂检验（placebo test）。

回归结果如图3（a）可以看出，模拟的估计系数大都集中在-0.15到0.15这个区间，而真实估计值为1.152，大部分模拟估计值的p值都大于0.1，即在10%的水平下不显著。这表明真实估计值明显是一个异常值，不可能是随机模拟产生的偶然结果，进一步说明城市人才引进政策的实施对GDP产生了显著的促进作用。同理，图3（b）同样表明真实估计值显著异于模拟值，说明人才引进政策对人均GDP产生了显著的促进作用。以上结论与基准回归结论一致。

① 余泳泽，张少辉．城市房价、限购政策与技术创新［J］．中国工业经济，2017（6）：96-116.

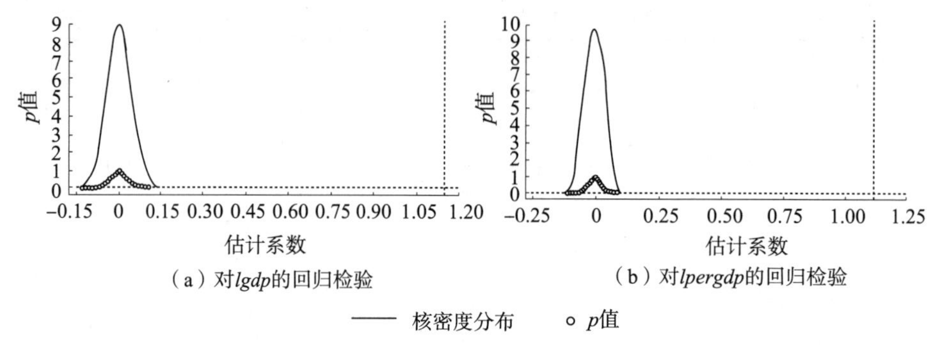

图3　安慰剂检验

(三) 进一步研究：人才引进政策对创新和经济发展质量的影响

1. 城市人才引进政策对创新的影响

各地出台政策引进人才的重要目的是将人才资源转变为高端人力资本，提高研发和创新能力，为经济发展提供更为强劲的原动力。为了检验人才引进政策是否促进了城市的创新能力，笔者设定如式（4）所示计量模型：

$$innovation_{it} = \alpha + \beta did_{it} + \gamma X_{it} + \mu_i + \lambda_t + \varepsilon_{it} \qquad \text{式（4）}$$

其中，*innovation* 代表创新能力，用专利申请量（*lpatent*）和科技支出占财政支出比重（*lscience*）衡量，did_{it}为政策虚拟变量，β 为核心估计参数，其他变量含义同式（2）。

表6为式（4）的回归结果，①②两列没有加入控制变量，③④两列是加入控制变量后的回归结果。①列表示人才引进政策对专利申请量的边际贡献为2.394个单位，②列表示政策对财政科技支出的边际贡献为2.677个单位；加入控制变量后，人才引进政策对专利申请量的边际贡献为0.661个单位，对财政科技支出的边际贡献为0.325个单位。不论是否加入了控制变量，回归结果均在1%的水平下显著，这表明城市人才引进政策的实施显著促进了当地的创新能力，即笔者的假设2是成立的。

表6　人才引进政策对创新的影响

序号	①	②	③	④
变量名	*lpatent*	*lscience*	*lpatent*	*lscience*
did	2.394*** (0.0747)	2.677*** (0.159)	0.661*** (0.144)	0.325*** (0.192)
控制变量	否	否	是	是

续表

序号	①	②	③	④
constant	6.244 *** (0.0159)	8.935 *** (0.0415)	-16.70 *** (2.308)	-31.32 *** (4.105)
时间效应	是	是	是	是
个体效应	是	是	是	是
观测值	640	520	637	520
R2	0.307	0.240	0.842	0.881

2. 城市人才引进政策对经济发展质量的影响

各个城市引入高质量人才不仅是为了提高经济增长速度，更侧重于提高经济发展的质量和集约化程度。为了检验人才引进政策是否提高了经济发展的质量，笔者采用 DEA 的 Malmquist 指数法测算了样本城市的全要素生产率（total factor productivity），然后以全要素生产率作为被解释变量，构建如式（5）所示计量模型进行实证分析：

$$tfp_{it} = \alpha + \beta\, did_{it} + \gamma\, X_{it} + \mu_i + \lambda_t + \varepsilon_{it} \qquad \text{式（5）}$$

其中，*tfp* 代表全要素生产率，用 *tfpch* 指数及其分解项 *techch* 指数和 *effch* 指数来衡量，*did* 为政策虚拟变量，β 为核心估计参数，其他变量含义同式（2）。

式（5）的回归结果如表 7 所示，①②③三列分别是对 *tfpch* 指数、*techch* 指数和 *effch* 指数的回归结果，④⑤⑥三列是加入了控制变量后的结果。①列表示人才引进政策对全要素生产率的效应为正，边际贡献约为 0.00358 个单位，但在统计上不显著；②列和③列分别表示政策对技术进步的效应为正，对技术效率的效应为负，均在 10% 的水平下显著。这说明，不考虑其他因素时政策的实施对全要素生产率没有产生显著的影响，原因在于政策的实施对全要素生产率的两个分解项即技术进步和技术效率的效应一正一负，相互抵消。④⑤⑥三列表示加入控制变量后，政策的实施对全要素生产率及其分解项均没有显著的影响，即人才引进政策的实施对提升经济高质量发展的作用有待加强。这说明笔者的假设 3 不成立。可以由此推测，长三角地区在样本期内实施的人才引进政策虽然提高了创新能力，但是这些创新成果尚未完全落地、转化为实际生产力。

表 7　人才引进政策对经济发展质量的影响

序号	①	②	③	④	⑤	⑥
变量名	*tfpch*	*techch*	*effch*	*tfpch*	*techch*	*effch*
did	0.00358 (0.0162)	0.0186 * (0.0104)	-0.0214 * (0.0118)	0.00927 (0.0262)	-0.0168 (0.0183)	0.0350 (0.0220)

续表

序号	①	②	③	④	⑤	⑥
控制变量	否	否	否	是	是	是
constant	1.001*** (0.00424)	0.977*** (0.00271)	1.031*** (0.00309)	-1.218 (1.914)	-1.253 (1.077)	1.849*** (0.536)
时间效应	是	是	是	是	是	是
个体效应	是	是	是	是	是	是
观测值	520	520	520	520	520	520
R2	0.006	0.013	0.003	0.044	0.089	0.038

六、结论与建议

笔者基于长三角地区40个大中城市2000—2015年的面板数据，采用多时点双重差分法对城市人才引进政策的经济发展效应进行了实证研究，主要得出以下三个结论。第一，城市人才引进政策的实施对经济增长产生了显著的促进作用，在加入一系列控制变量后，政策的实施对GDP和人均GDP均产生带动作用。第二，政策的实施显著提高了地区的创新能力，对专利申请量和财政科技支出均产生带动作用。第三，人才引进政策虽然促进了经济增长，提高了以专利申请量和财政科技支出衡量的创新能力，但未显著地提高全要素生产率，对提高经济发展质量所起到的影响有待加强；这说明由人才引进政策的实施所引起的创新能力的提高可能仍然停留在指标变化层面，距离转化为实际的生产力，即生产效率的提高和经济动能的转化，还有较大的提升空间。

基于笔者的研究结论和长三角地区经济社会发展现状，提出以下三个方面建议。

第一，健全创新成果向生产力转化机制。从研究结果来看，人才引进政策显著促进了经济增长，提升了当地的创新能力，但转化为生产力的程度有待加强。因此，地方政府在颁布人才引进政策后，应进一步完善创新成果向生产力转化的相关配套机制，否则人才引进政策的效应将会仅停留在增加经济总量的层面，而不能进一步提高生产效率和经济的集约化程度。首先，地方政府应鼓励和引导各大高校、科研院所等事业单位的专业技术人才积极参与企业项目，促进产、学、研的深度有机结合，推动新产品与新技术的应用推广，提升科研成果的市场价值，加快创新成果的转化。其次，完善人才引进政策中的保障部分，切实加强人才住房保障、子女入学、医疗后勤等全方位服务，营造尊重人才的工作氛围和社会氛围，在物质保障和营造软环境两方面帮助人才解决后顾之忧。再次，加大人才引进政策中激发创新活力的奖励部分，实现对创新人才的精准激励，摈弃以往一刀切式的人才收入分配机制，建立基于绩效考核的人才动态激励指标。最后，建立人才引进效能评价体系，在人才引进后的数年内对人才工作情况进行考核，摒弃只看人才“帽子”的导向，更注重所引进人才的实际贡献。

第二，加大对企业人才引进的政策支持力度，强化市场引才机制。由于企业的人力资源直接从事社会生产活动，因此加强人才引进政策中的企业激励机制更有利于创新成果的落地。当前，我国正处在人口红利衰减、以创新驱动经济高质量增长的时代背景下，地方政府和有关部门在制订人才引进政策时，应注重科学规划和系统布局，充实企业的研发力量，提高企业的创新能力和市场竞争力。一方面促进地方经济增长，另一方面进一步提高生产效率、实现创新驱动，从根本上增强地方经济发展的活力。为此，应充分发挥市场在人才资源配置中的重要作用，促进人才资源社会化流动，逐步消除体制对人才流动的障碍，形成合理有序的人才柔性流动机制。由政府主导的单一引进人才模式已无法适应经济高质量发展的需求，完善人才服务载体平台，建成以各级政府人事部门所属人才市场为主、社会人才中介服务组织为辅的多层次、多功能、全覆盖的综合人才市场体系显得尤为重要。

第三，建立区域人才协同发展机制。长三角地区各市颁布的人才引进政策普遍存在政策发文主体零散、部门间协调程度低、政策内容同质化严重、引才重点不突出等问题，不利于本地城市与长三角区域协同共享发展。为避免各市人才引进的无序竞争，应积极探索区域人才协同共享发展机制。首先，由省级政府和人事部门牵头，各市参与建立区域人才供求信息平台，实现城市群人才资源信息共享。其次，在充分掌握各市人才资源供求信息的基础上，各市加强政策发文主体的一致性，做好协作沟通工作，横向上促进各地人才政策的衔接，结合本地特色与利用自身优势资源，实现差异化竞争，并形成合力，以整体带动局部统一发展。

（马抗美，中国政法大学原副校长、教授、博士生导师，中国人才研究会副会长、人才学专业委员会常务副理事长；易明，中国政法大学马克思主义学院博士研究生）

科技人才政策的影响研究*

——两区域政策文本对比

马香媛　孟　楠　黄　鹤

摘　要：基于科技人才政策文本，笔者以长三角地区（上海市、江苏省、浙江省、安徽省）和东北三省（黑龙江省、吉林省、辽宁省）为例，从政策工具、政策目标和政策实施三方面入手，采用政策文本分析法，借助 Nvivo 软件，对比两区域科技人才政策，并分析其政策实施成效。研究发现：两区域都注重供给型政策工具、环境型政策工具的使用，需求型政策工具使用少；政策目标均偏向人才激励和培养，较少关注人才评价。长三角地区近年来科技人才引进、培养、激励与管理效果良好；东北三省人才流失严重，但人才管理、开发效果略优。供给型政策工具和环境型政策工具结合引进培养人才效果好；需求型政策工具和环境型政策工具结合激励和管理人才效果好；环境型政策工具开发利用人才效果好。

关键词：科技人才；科技人才政策；政策工具；文本分析；实施成效

科技人才为国家和地方的发展作出了巨大的贡献，在科技创新、社会经济、国防建设等方面都起到了中流砥柱的作用。当前，社会竞争除了技术竞争，主要集中于人才资源的竞争。

全国各地为吸引和支持人才出台了诸多政策，如浙江省出台“海鸥计划”、“高层次人才特殊支持计划”和“十百千人才工程”等，江苏省推出“外专百人计划”，上海市颁布“浦江人才计划”，安徽省推出“111 人才聚集工程”，辽宁省颁布“兴辽英才计划”，黑龙江省出台“龙江科技英才”特殊支持计划，吉林省推出“高层次科技创新人才资助计划”等。这些政策的颁布为科技人才的发展提供了良好的支持，然而各地的人才政策实施效果

---

* 本篇论文来自国家自然科学基金项目“基于互联网的协同创新中知识增值机理研究”（71872059）阶段性成果。

存在明显差异。部分地区面临严重的人才流失、人才开发利用不足、人才科技工作的物质投入缺乏以及人才服务保障不够全面等问题。针对这些问题，如何将科技人才引进来、留得住、激励并利用起来，具有重要的研究价值和现实意义。

因此，笔者选取长三角地区作为经济发展迅速的代表，以东北三省作为经济发展处于上升期或转型期的代表，基于政策工具角度，以省或直辖市为单位收集2011—2019年有关科技人才的政策文本，对两区域进行政策文本比较分析并对比分析两区域科技人才政策的实施效果，以期为未来政府制定和优化相关政策提供有效的政策建议。

一、研究设计

（一）分析框架

在对科技人才政策文本进行内容比较分析时，学者的分析多集中于多维度纵向或横向比较。朱婧等采用文本分析法，从微观层面、中观层面以及宏观层面比较科技人才政策及其实施效果。[①] 杨环等从发文频度、政策类型、政策文本形式和政策发布单位等维度分析比较合肥市2011—2018年的科技人才政策文本。[②] 易江格等在对湖北省科技人才相关政策及法规进行文献计量和内容分析时，选取政策类型、政策对象和发文文种等分析维度。[③] 另有少部分学者将政策工具维度引入分析。宁甜甜等对我国人才政策分析时，选取基本政策工具和人才强国价值判断两个维度进行深入分析。[④] 杨艳等对上海市科技人才政策进行比较分析时，借鉴政策工具在科技创新领域、环境领域的研究，构建政策目标、政策工具和政策力度三维分析框架。[⑤] 马香媛等构建了三维分析框架，对区域城市科技人才政策进行二维比较，其中三维分析框架分别选取基本政策

① 朱婧，王璐嘉，胡品平．珠三角国家自主创新示范区科技人才政策的文本研究［J］．科技管理研究，2019（15）：37－42.

② 杨环，胡乔石，杨剑．合肥市科技人才政策文本分析［J］．安徽工业大学学报（社会科学版），2018（5）：33－35.

③ 易江格，黄涛．基于内容分析法的湖北省科技人才政策研究［J］．科学管理研究，2019（4）：137－141.

④ 宁甜甜，张再生．基于政策工具视角的我国人才政策分析［J］．中国行政管理，2014（4）：82－86.

⑤ 杨艳，郭俊华，余晓燕．政策工具视角下的上海市人才政策协同研究［J］．中国科技论坛，2018（4）：148－156.

工具维度、科技人才发展阶段维度、人才响应维度。①

在公共管理政策研究领域，修正工具途径被认为是一种政策工具，只有在以政策工具的特征为一方，以政策环境、政策目标和政策目标受众为另一方之间相匹配时才是有效的。因此，笔者选取政策工具、政策目标和政策实施作为政策分析的基本维度，构建科技人才政策分析框架。其中，政策工具的特性对应于基本政策工具维度，而政策目标是制定科技人才政策时必须考虑的目标因素，考察政策实施的效果则对应于政策实施维度。

基于 X 维度的政策工具、Y 维度的政策目标维度和 Z 维度的政策实施维度，科技人才政策的三维分析框架如图 1 所示。

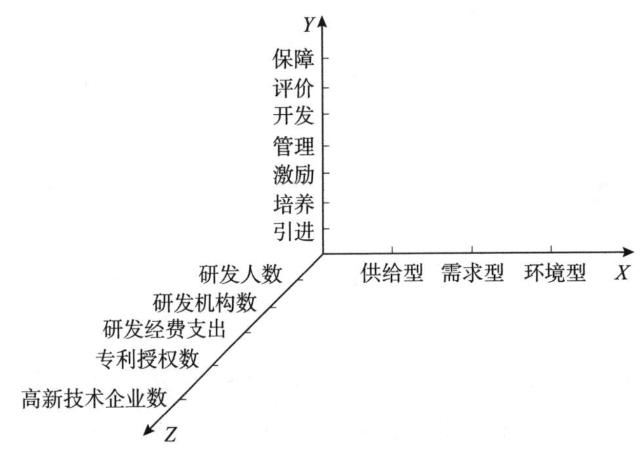

图 1　科技人才政策三维分析框架

1. *X* 维度：政策工具维度

关于政策工具的分类有很多种，笔者结合前人研究②，将政策工具划分为三个主要维度：供给型政策工具、需求型政策工具以及环境型政策工具。其中供给型政策工具是政府采取直接的方式，致力于将科技人才“引进来”。需求型政策工具是政府采用间接的方式，专注于科技人才“留得住”。环境型政策工具聚焦优化人才环境，利用科技人才发展起来。

---

① 马香媛，沈丽丽，黄鹤. 区域科技人才政策比较及实施效果分析：基于政策工具视角［J］. 杭州电子科技大学学报（社会科学版），2020，16（2）：7－14.

② ROTHWELL R. Reindustrialization and technology：towards a national policy framework［J］. Science and Public Policy，1985，12（3）：113－130.

2. *Y* 维度：政策目标维度

本研究政策目标维度是在借鉴鞠炜等前人研究成果①的基础上，将科技人才政策的目标类型分为人才引进、人才培养、人才激励、人才管理、人才开发、人才评价和人才保障七个方面。

3. *Z* 维度：政策实施维度

根据刘洪银等的研究指标体系②，本研究政策实施维度（*Z* 维度）选取"研发人数"、"研发机构数"、"研发经费支出"、"专利授权数"和"高新技术企业数"五个指标。其中，研发人数、研发机构数代表人才引进与培养的效果，研发经费支出、专利授权数代表人才激励与管理的效果。另外，本研究将高新技术企业数、技术合同成交额作为评价人才开发的实施效果。

（二）资料来源

长三角地区一直是我国经济发展最活跃、开放程度最高、创新能力最强的区域之一，在全国经济发展大局中有着重要地位。而东北三省虽有着良好的区位优势和资源优势，在向市场经济发展的过程中却没有很好地将其转为经济竞争优势。长三角地区近年来的科技人才政策发展情况对东北三省可能有一定的借鉴意义，能够为之提供可参考的实践建议，进而带动东北三省整体的人才政策发展。因此，为比较两区域的政策出发点、政策文本内容以及政策实施成效，本研究选取了长三角地区和东北三省两区域 2011—2019 年颁布的与"科技人才政策"密切相关的政策文本作为分析对象，资料来源为各省份政府官网、各省份人力资源和社会保障局以及各省份科技厅。初步收集到的政策文本共 307 份。经筛选剔除无效文本后，最终长三角地区共保留 102 份政策文件，东北三省共保留 83 份文件，共计 185 份政策文件。对于政策实施效果的分析，选取的指标数据来自 2012—2020 年各省份统计年鉴以及中国统计年鉴，其中黑龙江省和上海市 2019 年统计数据因在本研究进行时暂未公布，故本研究的数据中未包含 2019 年数据。

---

① 鞠炜，刘宁．京沪浙粤苏人才政策比较研究［J］．中国人力资源开发，2013（15）：87－92；杨环，胡乔石，杨剑．合肥市科技人才政策文本分析［J］．安徽工业大学学报（社会科学版），2018（5）：33－35；朱婧，王璐嘉，胡品平．珠三角国家自主创新示范区科技人才政策的文本研究［J］．科技管理研究，2019（15）：37－42；易江格，黄涛．基于内容分析法的湖北省科技人才政策研究［J］．科学管理研究，2019（4）：137－141．

② 刘洪银．科技人才政策成效的区域性差异［J］．开放导报，2015（1）：88－92；王宁，徐友真，杨文才．基于因子分析和 DEA 模型的河南省科技人才政策实施成效评估［J］．科学管理研究，2018（4）：69－72．

（三）研究方法

首先，对长三角地区与东北三省的 7 个省份出台的科技人才政策进行统计，得出长三角地区 2011—2019 年共颁布科技人才政策 102 条，其中浙江省 30 条，上海市 18 条，江苏省 30 条，安徽省 24 条。东北三省共颁布 83 条科技人才政策，其中辽宁省、吉林省和黑龙江省分别占 28 条、27 条、28 条。其次，通过 Nvivo 12 编码完成后，对两区域的政策文本进行比较分析。最后，对政策实施效果进行分析。笔者参考周海燕基于广东省科技人才政策效果评估的实证研究①，采用前后对比分析法中的“投射—实施后”对比分析法一一进行定量测算与分析，并将测算结果进行比较，从而得出两区域科技人才政策的实施效果。

二、基于三维分析框架的科技人才政策分析

（一）发文频度分析

如图 2 所示，2015 年之前长三角地区各省份颁布的科技人才政策数量整体呈增长趋势，波动较小。分析原因，一方面这一时期我国经济转型加速，科技支撑经济发展成为主要趋势，区域需要激励、培养和引进更多科技人才为各省份的科技发展服务；另一方面科技人才政策能够激发人才的创新活力，为人才提供良好的制度环境保障，我国出台的一系列科技人才政策促进了两区域的人才发展。

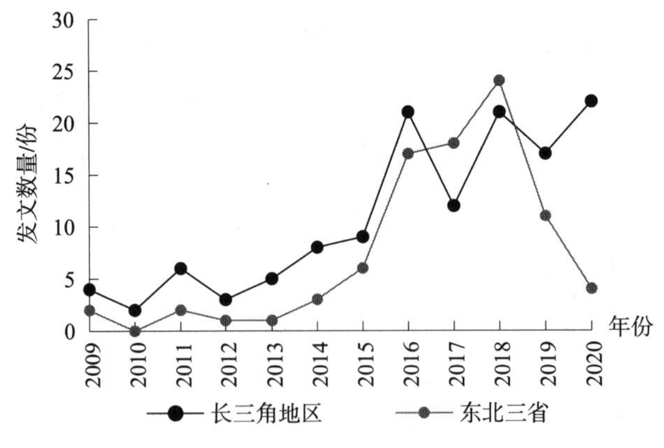

图 2　两区域发文频度分布

① 周海燕. 广东省科技人才政策效果评估及优化研究［D］. 南宁：广西大学公共管理学院，2018.

发文频度的变化反映出两区域对科技人才政策关注程度的变化。政策的发布应根据经济发展态势而有所调整，显然长三角地区 2015 年之后发文数量明显波动更大，政府的发文紧跟变化。因此，长三角地区对此反应更快，把握也更好；而东北三省发文变化不如长三角地区明显。

（二）政策工具维度分析

第一，从全阶段来看，两区域供给型政策工具和环境型政策工具较多，需求型政策工具偏少。由表 1 可以看出，供给型政策工具使用情况占比为 42.0%，环境型政策工具占 41.1%，二者几乎持平。而需求型政策工具占比仅为 16.9%。供给型政策工具中关于人才培养的手段应用频率最高。与长三角地区相比，东北三省使用频率最高的是环境型政策工具，占比为 46.7%；供给型政策工具次之，占 38.9%；而需求型政策工具使用最少，仅占 14.4%。

表 1　两区域政策工具、政策目标维度节点占比统计（2011—2019 年）

区域	维度	名称	2011—2013 年		2014—2016 年		2017—2019 年		全阶段	
			节点数	占比/%	节点数	占比/%	节点数	占比/%	节点数	占比/%
长三角地区	政策工具	供给型	155	60.5	280	37.4	310	40.3	745	42.0
		需求型	19	7.4	145	19.4	136	17.7	300	16.9
		环境型	82	32.0	324	43.3	323	42.0	729	41.1
	政策目标	人才引进	27	10.5	68	9.1	76	9.9	171	9.6
		人才培养	108	42.2	252	33.6	209	27.2	569	32.1
		人才激励	48	18.8	150	20.0	213	27.7	411	23.2
		人才管理	21	8.2	124	16.6	105	13.7	250	14.1
		人才开发	10	3.9	75	10.0	74	9.6	159	9.0
		人才评价	6	2.3	19	2.5	29	3.8	54	3.0
		人才保障	36	14.1	61	8.1	63	8.2	160	9.0
东北三省	政策工具	供给型	30	62.5	192	36.9	226	38.6	745	38.9
		需求型	3	6.3	77	14.8	86	14.7	300	14.4
		环境型	15	31.3	251	48.3	273	46.7	729	46.7
	政策目标	人才引进	7	14.6	59	11.3	66	11.3	132	11.4
		人才培养	18	37.5	136	26.2	150	25.6	304	26.4
		人才激励	16	33.3	147	28.3	179	30.6	342	29.7
		人才管理	3	6.3	67	12.9	72	12.3	142	12.3
		人才开发	2	4.2	64	12.3	59	10.1	125	10.8
		人才评价	0	0	9	1.7	16	2.7	25	2.2
		人才保障	2	4.2	38	7.3	43	7.4	83	7.2

第二，从时间演进来看，2011—2013 年，两区域供给型政策工具占比最多，且均超过 60%；环境型政策工具使用较少，占比为 30% 左右；需求型政策工具使用最少，占比均不超过 10%。2014—2016 年，两区域开始重视使用环境型政策工具，环境型政策工具占比最多，其中长三角地区占比达到 43.3%，东北三省占比达 48.3%；供给型政策工具使用比例有所下降，长三角地区占比为 37.4%，东北三省占比为 36.9%；需求型政策工具占比略有提升，长三角地区占比分别为 20%，东北三省占比接近 15%。2017—2019 年，东北三省三种类型政策工具使用占比情况与上一时期基本持平，环境型政策工具的使用占比最多，达 46.7%；其次是供给型政策工具，占比为 38.6%；对需求型政策工具关注较少，占比为 14.7%。这一时期长三角地区开始注重供给型政策工具和环境型政策工具相结合使用，占比分别为 40.3%、42.0%；对需求型政策工具关注较少，占比为 17.7%。

（三）政策目标维度分析

第一，从全阶段来看，两区域政策目标偏向人才培养和人才激励，对人才评价关注较少。

从政策目标来看，两区域政策目标偏向人才培养和人才激励。其中，长三角地区最关注的是人才培养。其次是人才激励，二者占比分别为 32.1%、23.2%。东北三省呈现的编码结果稍有不同，东北三省对于人才激励的重视程度优于人才培养，二者占比分别为 29.7%、26.4%。在人才管理目标占比方面，长三角地区和东北三省占比分别为 14.1%、12.3%。长三角地区人才引进与培养的占比总和达到 41.7%，而东北三省人才引进与培养政策目标占比总和为 37.8%，说明长三角地区比东北三省更注重科技人才的引进与培养。长三角地区人才激励与管理的占比总和达到 37.3%，而东北三省人才引进与培养政策目标占比总和为 42.0%，东北三省近些年来开始注重科技人才的激励与管理。东北三省出台了更多人才开发目标的文件，人才开发政策目标节点占比达 10.8%。在人才保障目标方面，长三角地区和东北三省二者占比分别为 9.0%、7.2%，说明长三角地区比东北三省更加重视人才保障，长三角地区为科技人才的家庭和生活提供了更多的服务保障以及其他福利措施。最后，两区域对于人才评价政策目标关注最少。

第二，从时间演进来看，2011—2013 年，两区域对人才培养政策目标的占比大于人才激励。长三角地区政策目标最关注人才培养，占比达到 42.2%；

而东北三省主要关注人才培养和人才激励，二者占比分别为37.5%、33.3%。两区域人才引进和培养占比之和均超过50%。2014—2016年这一时期，两区域政策目标最关注的是人才培养和人才激励。其中长三角地区人才培养政策目标占比为33.6%，高于人才激励的占比20.0%；而东北三省人才培养政策目标占比26.2%，低于人才激励的占比28.3%。两区域人才引进和培养占比之和约为40%。2017—2019年，两区域政策目标最关注的还是人才培养和人才激励。其中长三角地区人才培养政策目标占比和人才激励的占比几乎持平，而东北三省人才培养政策目标的占比继续低于人才激励的占比。两区域人才引进和培养占比之和均小于40%。

（四）政策工具：政策目标二维统计分析

如图3和图4所示，第一，从政策文本的实施来看，两区域或采用单一政策工具，或采用多种政策工具。

	供给型政策工具	需求型政策工具	环境型政策工具
人才引进	171	—	—
人才培养	295	—	274
人才激励	119	53	239
人才管理	—	193	57
人才开发	—	—	159
人才评价	—	54	—
人才保障	160	—	—

图3　长三角地区二维比较

注：图中数字为节点数。

	供给型政策工具	需求型政策工具	环境型政策工具
人才引进	132	—	—
人才培养	145	—	159
人才激励	88	39	215
人才管理	—	102	40
人才开发	—	—	125
人才评价	—	25	—
人才保障	83	—	—

图4　东北三省二维比较

注：图中数字为节点数。

2011—2019年，两区域均只使用供给型政策工具实施人才引进和人才保障政策目标；使用环境型政策工具实施人才开发；使用需求型政策工具实施人才评价。两区域使用供给型政策工具、环境型政策工具相结合实施人才培养；使用需求型政策工具、环境型政策工具相结合实施人才管理。两区域使用三种类型工具实施人才激励，且环境型政策工具使用占比最多。

两区域对人才引进政策目标均只使用供给型政策工具，主要为引进人才提供技术支持、财政支持以及科研项目申请支持。在人才保障方面，两区域目前只使用供给型政策工具，主要在科技人才子女教育、住房落户等方面提供有力保障。在人才开发方面，主要使用环境型政策工具，出台了诸如鼓励科研人员离岗创业或到企业兼职等创新创业政策以及科技成果转移转化政策。在人才评价方面，两区域主要使用需求型政策工具，主要是围绕科技人才评价以及项目评价制定或完善相关方案和细则。两区域同时使用供给型政策工具以及环境型政策工具实现人才培养政策目标，且两种类型政策工具使用频率相似，主要是培养所需人才，并建设孵化器、创业中心和科技园等平台或基地培养人才，进一步实现科技型企业的培育和发展。在人才管理方面，两区域使用需求型政策工具和环境型政策工具，而且需求型政策工具使用较多。通过制度改革如深化职称制度改革、人才体制机制改革，破除唯论文导向，加强知识产权保护，特别是专利保护，以及建立人才信息库，继续优化人才服务环境，完善公共服务等进一步优化对人才的管理。在人才激励政策目标的实现过程中，供给型政策工具主要是对人才表彰宣传和股权分配激励等方式；需求型政策工具包括政府优先采购科技人才创办企业的产品或服务，支持科技人才科技成果转化产品，支持技术市场交易等；环境型政策工具是提供金融融资支持，为人才实现科技成果转化或创业提供资金支持和财税优惠，以及出台有关科技成果转化的政策。

第二，从单一政策工具的内部使用情况来看，两区域同一政策工具用于不同的政策目标。

对于长三角地区，供给型政策工具主要用于人才培养方面，需求型政策工具主要用于人才管理，环境型政策工具主要用于人才培养和人才激励。在东北三省，供给型政策工具主要用在人才培养和人才引进方面，需求型政策工具使用情况与长三角地区类似，而环境型政策工具主要用于人才激励。

（五）政策目标：政策实施效果维度分析

第一，科技人才引进与培养效果：长三角地区整体优于东北三省。

由于东北三省研发人数数据存在缺失，而研发人员折合全时当量数据齐全，故选取研发人员折合全时当量替代研发人数作为测量东北三省人才引进与培养的实施效果指标之一，研发机构数的分析仅针对长三角地区。从图 5 中可看出，2011—2019 年，长三角地区研发人数呈先上升后下降而后再次上升的趋势。长三角地区研发人数随时间的变化可分为三个阶段：2011—2015 年，中高速增长阶段，每年研发人数都在增加，增幅较大；2016—2017 年，高速下降阶段，研发人数急剧下降；2018—2019 年，中高速增长阶段，研发人数又开始增加，且增幅相对较大。2019 年研发人数相对 2011 年增长 39. 34%。

2011—2019 年长三角地区研发机构数逐年增加，总体呈上升趋势。长三角地区研发机构数随时间的变化可分为四个阶段：2011—2012 年、2018—2019 年是高速增长阶段；2013—2015 年是中高速增长阶段，增幅与前一阶段相比较小；2016—2017 年属于平缓变化阶段。

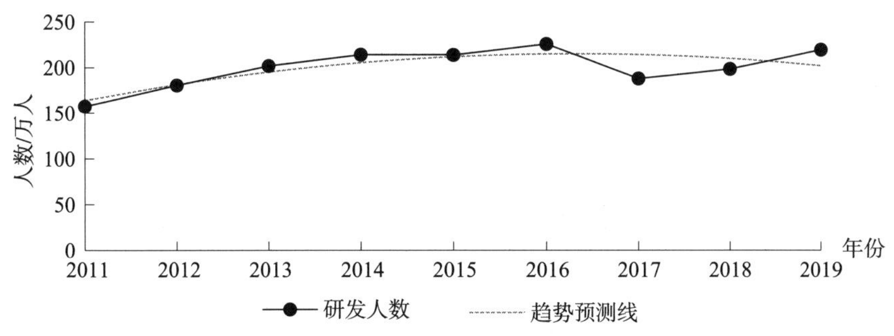

图 5　长三角地区研发人数时间序列

注：趋势预测 $y = -1.801x^2 + 22.760x + 143.110$，$R^2 = 0.626$。

2011—2019 年，东北三省研发人员折合全时当量随时间的变化可分为两个阶段，如图 6 所示：2011—2014 年属于低速增长阶段，研发总体人员折合全时当量每年都会增加，但增幅不大；2015—2019 年属于波动徘徊阶段，2019 年研发人员折合全时当量甚至比 2011 年还低，增幅为 -1.51%。这说明东北三省科技人才投入在科技研发的工作总时长持续下降。

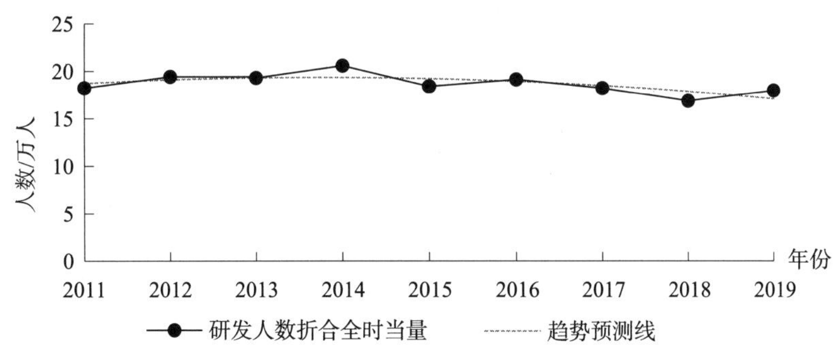

图 6　东北三省研发人员折合全时当量时间序列

注：趋势预测 $y = -0.082x^2 + 0.615x + 18.197$，$R^2 = 0.512$。

第二，科技人才激励与管理效果：长三角地区科技人才激励与管理效果整体良好；东北三省人才激励效果相对较差，但人才管理效果取得一定成果。

如图 7 所示，2011—2019 年，长三角地区研发经费支出整体呈上升趋势，经费支出逐年稳步中高速增长，各年份研发经费支出的相对差值较小。2019

年研发经费支出达到最高水平，且相对 2011 年增长 162.79%。由图 8 可知，东北三省研发经费支出呈现先上升后下降然后再上升的趋势。具体而言，可分为三个阶段：2011—2013 年为低速增长阶段，东北三省每年增加的研发经费支出相对有限；2014—2015 年为急剧下降阶段，政府研发经费支出下降；2016—2019 年为继续低速增长阶段，增幅较小。东北三省各年份的研发经费支出相对差值较大，其中，2013 年、2014 年和 2015 年预测值和实际值差距最大。2019 年研发经费支出相对 2011 年增长 38.03%。如图 9 所示，2011—2019 年长三角地区专利授权数呈现波浪上升趋势。相比 2011 年，2019 年长三角地区专利授权数增长 88.66%。2011—2012 年是中高速增长阶段，专利授权数增幅较大。2013—2017 年属于波动徘徊阶段，长三角地区专利授权数在 55 万项附近波动。2018 年之后，长三角地区授权专利总数继续增多。2011 年、2014 年、2016 年、2017 年，绝对差值为负，说明这几年长三角地区专利授权数成果的产出效果不理想。其余年份专利授权数绝对差值为正，相对差值较大，说明其余年份这一成果的产出效果较好。如图 10 所示，2011—2019 年，东北三省专利授权数也呈现波动变化趋势，可以划分为三个阶段：2011—2014 年是第一阶段，专利授权数波动徘徊、有增有减。2015—2017 年属于平缓变化阶段，东北三省专利授权数比较稳定。2018 年之后是第三阶段，专利授权数中高速增长，增幅较大。2011—2019 年专利授权数相对差值较小，说明东北三省这一成果的产出效果较好。相对于 2011 年，2019 年东北三省专利授权数增长 106.57%。

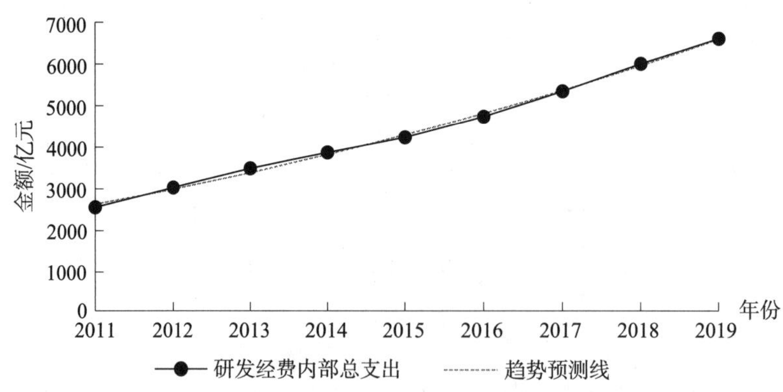

图 7　长三角地区研发经费支出时间序列和趋势预测

注：趋势预测 $y = 19.770x^2 + 299.15x + 2255.80$，$R^2 = 0.998$。

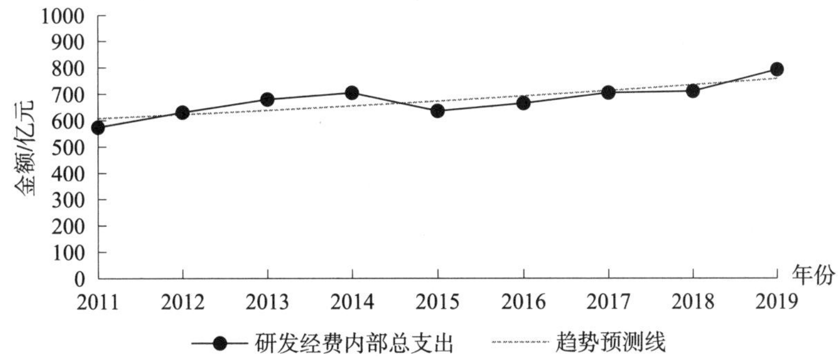

图 8　东北三省研发经费支出时间序列和趋势预测

注：趋势预测 $y=0.602x^2+12.680x+594.740$，$R^2=0.691$。

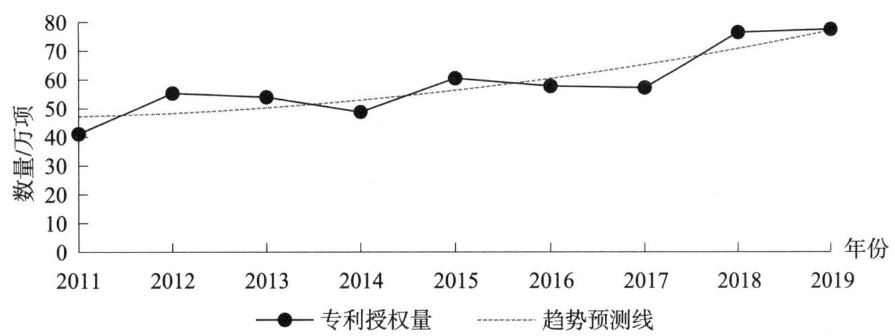

图 9　长三角地区专利授权数时间序列和趋势预测

注：趋势预测 $y=0.358x^2+0.156x+46.585$，$R^2=0.787$。

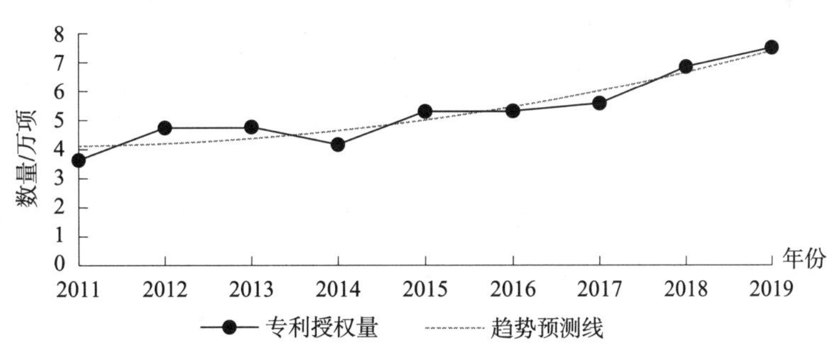

图 10　东北三省专利授权数时间序列和趋势预测

注：趋势预测 $y=0.047x^2-0.056x+4.123$，$R^2=0.895$。

第三，科技人才开发效果：东北三省略优于长三角地区，即创新创业、科技成果转化政策实施效果更好。

由图 11 可知，2011—2019 年间长三角地区高新技术企业数量总体呈上升趋势，2019 年比 2011 年增长了 6.7 倍。其中，2011—2013 年，基本无变化。2015 年以后，总体增速扩大，高新技术企业总数不断增加。2014 年长三角地区高新技术企业数实际值和预测值的差值最大，其余年份相对差值较小。这说明长三角地区高新技术企业数的整体产出效果较好。如图 12 所示，东北三省 2011—2019 年高新技术企业数整体也呈现上升趋势，2019 年比 2011 年增长了 16.7 倍，东北三省高新技术企业数增幅更大。2011—2013 年是低速增长阶段，每年高新技术企业数都有增长。2014—2016 年，增长情况经历低谷期。2017—2019 年是高速增长阶段，高新技术企业数量逐年快速增长。

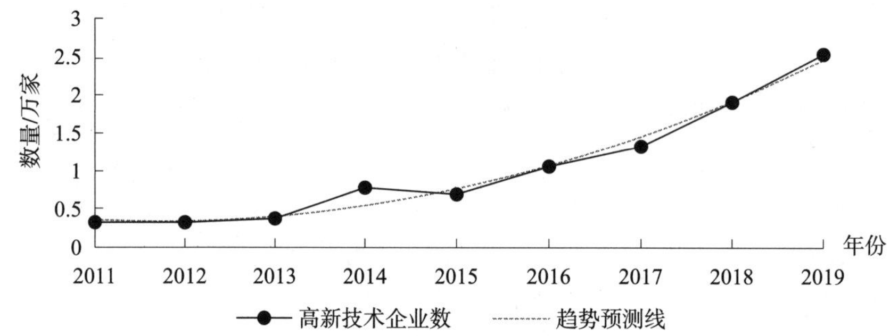

图 11　长三角地区高新技术企业数时间序列和趋势预测

注：趋势预测 $y = 0.040x^2 - 0.136x + 0.457$，$R^2 = 0.982$。

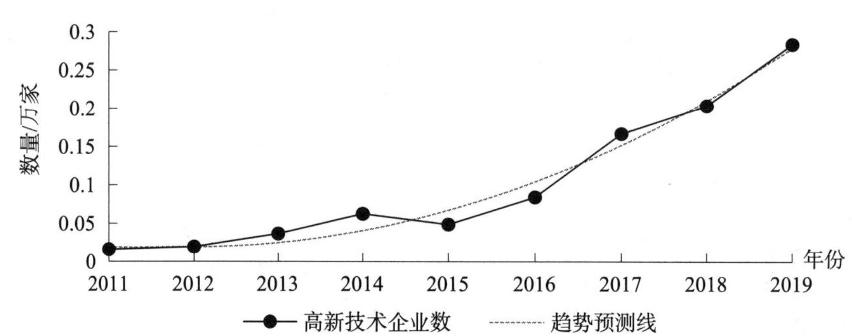

图 12　东北三省高新技术企业数时间序列和趋势预测

注：趋势预测 $y = 0.005x^2 - 0.021x + 0.040$，$R^2 = 0.976$。

如图 13 所示，长三角地区 2011—2019 年技术合同成交额总体呈上升趋势。具体可分为两个阶段：2011—2015 年属于低速增长阶段，长三角地区技术合同成交额逐年增加，增幅较小；2016—2019 年属于高速增长阶段，技术合同成交额逐年快速增长，增幅较大。2017 年技术合同成交额预测值和实际值差距最大，其他年份相对差值较小。2019 年相对 2011 年，技术合同成交额增长了 2.8 倍。这反映了长三角地区技术合同成交额的产出效果较好。如图 14 所示，东北三省 2011—2019 年技术合同成交额总体也呈上升趋势。其中，2011—2014 年是徘徊波动阶段，技术合同成交额波动变化；2015—2019 年是高速增长阶段，技术合同成交额逐年快速增长。各年份技术合同成交额相对差值较小。2019 年相对 2011 年，技术合同成交额增长了 3.9 倍。这说明东北三省技术合同成交额产出效果较好。

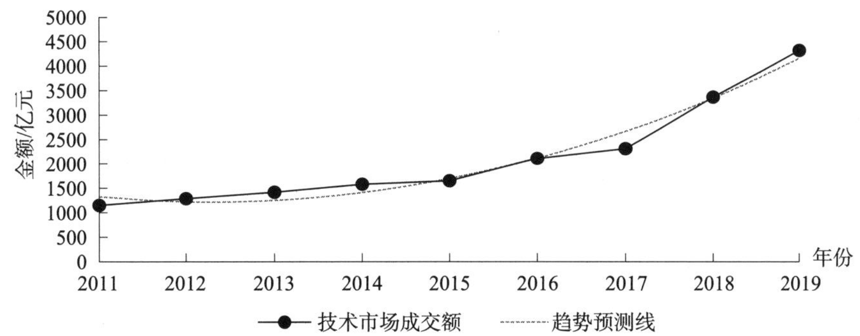

图 13　长三角地区技术合同成交额时间序列和趋势预测

注：趋势预测 $y=65.020x^2-296.210x+1555.700$，$R^2=0.973$。

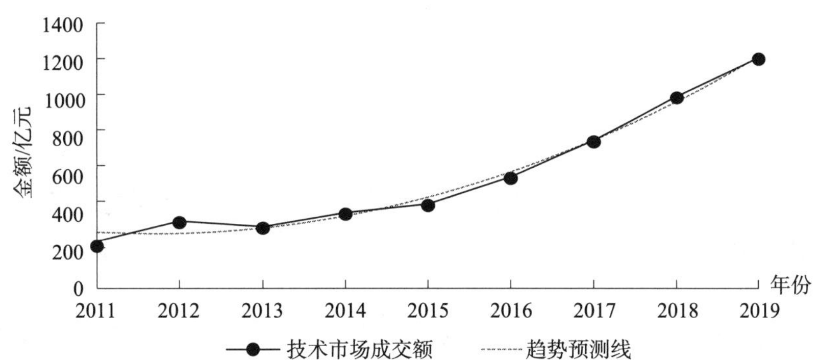

图 14　东北三省技术合同成交额时间序列和趋势预测

注：趋势预测 $y=17.301x^2-57.521x+336.660$，$R^2=0.989$。

（六）政策工具－政策实施效果维度分析

1. 供给型政策工具和环境型政策工具相结合在引进与培养科技人才时效果好

2011—2019 年，长三角地区在引进和培养科技人才方面取得显著的实施成效；东北三省整体科技人才引进、培养效果不理想，人才流失严重。结合前述分析，长三角地区和东北三省都使用供给型政策工具和环境型政策工具引进与培养人才，且供给型政策工具占比均超过 50%。长三角地区政府使用的供给型政策工具主要用于人才培养，东北三省则将供给型政策工具主要用于人才培养和引进。供给型政策工具在吸引和培养人才方面可能发挥更大作用，同时环境型政策工具也不可或缺。因此，供给型政策工具和环境型政策工具相结合在引进与培养科技人才时效果好。

2. 需求型政策工具和环境型政策工具相结合在激励与管理科技人才时效果好

长三角地区科技人才政策的激励与管理实施效果比较好；东北三省人才激励效果一般，人才管理政策取得一定实施效果。由前文分析，长三角地区使用需求型政策工具和环境型政策工具相结合以激励与管理科技人才；而东北三省主要使用环境型政策工具对科技人才进行激励和管理，对于供给型政策工具和需求型政策工具重视程度不够。因此，需求型政策工具和环境型政策工具相结合在激励与管理科技人才时效果更好。

3. 环境型政策工具在开发利用科技人才时效果好

东北三省对科技人才的开发效果略优于长三角地区，即创新创业、科技成果转化政策实施效果更好。对于科技人才的开发利用，两区域主要使用环境型政策工具。因此，环境型政策工具在开发利用人才时效果好。

三、结论与启示

（一）政策的发布及调整既要顺应经济发展态势灵活变化，还要符合及时性、延续性规律

从政策工具的使用变迁情况来看，2011—2013 年，两区域都更倾向于使用供给型政策工具；2014—2016 年，两区域倾向使用环境型政策工具；2017—2019 年，东北三省继续倾向使用环境型政策工具，长三角地区转为环境型政策工具和供给型政策工具相结合使用。在此期间，需求型政策工具使用占比有所提升，但提升幅度不大。因此，以上结论反映出长三角地区人才政策的灵活性较高，而东北三省政策发布存在明显滞后问题。这对东北三省具有重要的借鉴意义。一方面，科技人才政策要根据经济发展的态势进行调整，不能一成不变。另一方面，政府在对人才政策进行调整的同时，要保证政策的延续性。

（二）不同区域、不同发展阶段，各政府颁布的科技人才政策目标侧重点应有所不同

从政策目标的变迁情况来看，两区域人才引进和培养的政策目标占比之和逐年下降，而人才激励与管理的政策目标占比之和逐年上升。这表明区域政策目标的关注点近些年来逐渐从注重人才引进和培养转为注重人才激励与管理。

此外，两区域人才开发政策目标占比也在提升，并且在2014—2016年占比达到最高水平。在人才引进政策目标占比方面，东北三省三个时期都比长三角地区更为关注人才引进。

长三角地区作为经济发展迅速的区域代表，不同时期科技人才政策的目标有所不同，因此取得了良好的实施效果。东北三省是经济处于发展上升期或者转型期的区域代表，在不同时期政策目标虽有所调整但取得的实际成效不够理想。对处于经济转型期的东北三省而言，要向处于经济发展迅速阶段的长三角地区学习，并从自身实际出发，制定合理的人才政策目标，要注重科技人才的内部培养和各省份之间人才的流动发展。对于长三角地区来说，要注意制订并建立科技人才共享计划，统筹安排区域人才并推动长三角地区人才一体化发展，并且进一步优化人才管理和服务保障，完善人才公共服务体系，解决人才信息服务碎片化问题。

（三）从政策的阶段实施效果来看，两区域人才政策实施取得一定成果，但存在需要优化的问题，两区域政策工具及政策目标还需调整

由于政策的滞后性，笔者选取2018年数据分析2013年政策的实施效果。

2018年，长三角地区研发人数较2013年减少1.7%，研发机构数增长29.0%；而东北三省研发人数较2013年减少12.6%。这反映出东北三省人才引进与培养效果较差，长三角地区人才引进效果一般，但人才培养效果尚可。而在2011—2013年，长三角地区主要使用供给型政策工具引进与培养科技人才；东北三省主要使用供给型政策工具引进与培养科技人才。因此，供给型政策工具培养人才效果较好，但引进人才作用效果有限，说明为更好地实现人才引进与培养政策目标，可能还需要其他政策工具的配合使用。长三角地区研发经费内部总支出2018年较2013年增长73.5%，专利授权数增长41.6%；东北三省研发经费内部总支出2018年较2013年增长4.5%，专利授权数增长43.6%。这表明长三角地区人才激励与管理效果较好，东北三省人才激励效果一般，人才管理效果较好。而在2011—2013年长三角地区使用环境型政策工具激励与管理科技人才；东北三省主要使用供给型政策工具激励与管理科技人才。因此，环境型政策工具激励与管理人才效果较好。2018年，长三角地区高新技术企业数较2013年增长约4.0倍，技术市场成交额增长137.4%；东北三省高新技术企业数较2013年增长约4.6倍，技术市场成交额增长209.6%。这说明两区域人才开发利用实施效果均良好，但东北三省人才开发政策实施效

果略优于长三角地区。两区域都使用环境型政策工具开发利用人才。因此，环境型政策工具开发利用人才效果好。

（四）根据科技人才政策目标，各区域要注意调整政策工具的使用

总体来看，笔者发现供给型政策工具和环境型政策工具相结合在引进与培养科技人才时效果好，需求型政策工具和环境型政策工具相结合在激励与管理科技人才时效果好，而环境型政策工具在开发利用科技人才时效果好。因此，不同政策工具及政策工具组合在实现不同政策目标时，所表现出的效力不同。政府要注重多种政策工具相结合使用，以发挥政策工具的最佳实施效果。

（马香媛，杭州电子科技大学管理学院教授；孟楠，杭州电子科技大学管理学院研究生；黄鹤，杭州电子科技大学管理学院副教授）

山西省晋城市政策创新推动人才体制机制改革的研究

成向阳　赵　彪　宋凌云

摘　要：本篇论文系统总结了近年来山西省晋城市人才工作特色做法及取得的主要成效，分析其职能部门人才体制存在的问题，着眼找准和破解制约人才发展的体制机制障碍，尤其是对晋城市在引进人才、留住人才、培育人才、用好人才等方面的问题及原因，以人才体制机制改革面临问题为导向，就晋城市深化人才发展体制机制改革和单位如何落实有关人才新政等方面的问题进行了全面的总结和梳理，深入分析了晋城市人才体制机制工作中存在的问题，认真研究并提出了下一步晋城市推进人才体制机制改革的对策建议。

关键词：晋城；政策创新；人才体制机制；研究

为全面贯彻落实中共中央印发的《关于深化人才发展体制机制改革的意见》和山西省委印发的《中共山西省委关于深化人才发展体制机制改革的实施意见》精神，着眼找准和破解制约人才发展的体制机制障碍，在山西省晋城市党建研究会的指导下，2021 年 6 月 10 日成立了晋城市人才体制机制研究课题组，明确课题组负责人，确定课题组成员分工，拟定课题组调研提纲，并报晋城市党建研究会备案。晋城市人才体制机制研究课题组在 2021 年 7—11 月深入晋城市开发区光机电产业研究院、高平市及开发区、沁水县（煤层气产业园）及晋城市发展和改革委员会、晋城市能源局、晋城市工业和信息化局、晋城市科学技术局、晋城市农业农村局、山西科技学院、晋城职业技术学院、晋能控股装备制造集团、晋城市国有资本投资运营有限公司、山西兰花科技创业股份有限公司、山西晋城钢铁控股集团有限公司等有关部门和企业，针对晋城市人才体制机制存在的问题进行专项调研。课题组通过召开座谈会交流、现场调研、下基层走访、现场访谈等形式，就晋城市深化人才发展体制机制改革和各单位如何落实各人才新政等方面的问题和建议全面总结、梳理，深入分析了晋城市人才体制机制工作中存在的问题，认真研究并提出了下一步晋城市推进人才体制机制改革的思路举措。

一、晋城市人才工作的特色做法及其效果

近年来，晋城市委、市政府高度重视人才工作，始终坚持以政策创新推进体制机制创新，切实激发人才的创新创造活力，促进人才总量不断扩大、结构逐步改善、素质全面提升，为晋城市经济社会发展提供了人才支撑和智力保障。

（一）持续完善人才政策体系，党管人才工作新格局已形成

晋城市委、市政府认真贯彻习近平总书记关于人才工作的重要思想和中央、省委、市委关于深化人才发展体制机制改革的政策规定，科学制定了《晋城市中长期人才发展规划纲要（2010—2020 年）》，研究制定了我市《关于深化人才发展体制机制改革的实施意见》以及一系列配套政策，已形成上下衔接、特色鲜明的人才培养、引进、评价、使用、激励、流动和人才保障政策体系。晋城市各级党委持续强化党对人才工作的领导，2019 年，晋城市出台了《关于激励高层次人才助力高质量转型发展的若干意见（试行）》《晋城市吸引大学毕业生就业创业实施办法（试行）》两项人才新政；2021 年，晋城市出台了《关于围绕“12 大基地”建设进一步深化市校合作的行动方案》；2022 年 3 月，晋城市出台了《晋城市创优高质量人才生态若干举措（试行）》等人才新政配套政策体系，进一步明确和细化了晋城市人才工作领导小组及成员单位的职责分工，确立了领导小组议事、人才工作报告、人才工作考核、人才工作联络员等制度，健全完善了晋城市人才工作领导小组科学决策机制、分工协调机制、沟通协调机制和督促落实机制，已形成符合晋城实际的“党委统一领导，组织部门牵头抓总，有关部门各司其职、密切配合，用人单位发挥主体作用、社会力量广泛参与”的党管人才工作新格局。

（二）分重点强化政策突破，着力培育“差异化”竞争优势

面对当前激烈的人才竞争，晋城市坚持立足晋城发展需要和人才发展规律，一是积极培植具有晋城特色的“差异化”政策优势，人口和人才吸引力均有明显提升；二是 2021 年，市县两级人才工作经费较 2020 年度有所增长；

三是市校合作成效明显，聚焦“12 大基地”建设；四是人才队伍日趋壮大，2020 年大量引进本科以上人才，加大力度引进高技能人才，实现人才数量、质量“双提升”。

（三）分领域强化人才引进，着力推动“精准化”供需对接

在落实两项“人才新政”基础上，坚持突出人才供需精准对接，一方面着眼转型产业、重大项目以及事业单位发展需要，编制完善急需高精尖人才目录；另一方面注重扩大用人主体自主权，适度放宽进人用人政策，确保真正把晋城发展急需的人才引进来、用起来。针对重点项目建设，坚持柔性引才。2018 年以来，引进多名院士、博士、硕士。按照晋城市对其光机电产业的发展定位，晋城市通过多方努力引进范守善院士及其团队，组建成立光机电产业研究院、院士工作站、重点实验室，“世界光谷”高端智库已显雏形；立足打造全域旅游，引进“太行一号国家风景道建设”专家顾问团；立足破解科技型中小企业发展难题，在全省率先实行科技特派员制度，为多家企业选派高端科技人才。针对企事业单位用人，实行考核直招。创新事业单位考核直招人才举措，坚持降门槛、保质量，大量引进全日制硕士研究生及以上人才，山西兰花科技创业股份有限公司等国企以考核直招方式自主招聘高层次人才多名。针对长远产业布局，积极推进各类高层次人才入库储备。晋城市结合晋城产业发展方向和重点领域，持续完善晋城“三大人才数据库”建设。可以看出，晋城市的人才储备覆盖面、精准度和含金量明显得到完善。

（四）分类别强化职业培育，着力提升“专业化”能力素质

坚持专业对口、层次对应，分类别、有重点、全覆盖加强本土各类人才专业化培育。晋城“人才计划的入选情况”如下。

一是党政人才“走出太行”。推动“万名干部出太行”成为常态，组织各级领导干部开眼界、学经验、增才干。二是技能人才“引智培育”。创新与专业职业技能培训机构联合培育模式，深化与德国国际合作机构（GIZ）合作，组织百名本土企业家赴德国受训，在晋城职业技术学院落地德国双元制教育模式；与山西江淮重工有限责任公司合作，在晋城技师学院试点实行新型学徒制校企联合培养人才模式。三是基础人才“覆盖提能”。大力实施“农村干部学历提升工程”“全民技能提升工程”，实现“一村一名农民大学生”全覆盖，组织城乡劳动者技能培训多人，培训龙头企业专技人员多人。

（五）分渠道强化要素保障，着力完善“全程化”服务机制

坚持把优化人才服务环境作为培植“差异化”优势的“关键一招”，充分整合资源、打通渠道，不断优化全要素、全方位、全流程人才服务机制。重点推出“四个一”措施：一站式窗口服务，辖区内全部开设人才服务窗口，简化服务流程，实行“一站式”受理；一键式线上办理，人才所涉事项全部可以通过“互联网＋政务服务”完成网上预受理、预审查、预告知服务；一体化联盟共享，针对创新企业人才服务短板，建立市级人才服务联盟，落实“联盟吹哨、部门报到”机制，政府部门和多家企业“加盟”实现人才资源共享；一对一联系服务，完善市委联系专家制度，坚持“一人一策”“一事一议”为专家人才解决实际困难，特别是将一些一线医护专家人才纳入联系服务范围，并落实服务专员政策。在此基础上，深入开展人才服务宣传月活动，编制人才政策、人才服务事项“两清单”，开展多项重点活动，进一步提升人才政策知晓度和落地率。

二、人才发展体制机制中存在的困难和问题

从调研情况来看，晋城市人才发展还不能完全适应经济社会发展的要求，制约人才发展的主要因素是体制机制限制、思想认识和政策创新力度不够以及发展环境不优等问题。

（一）人才总量偏少

晋城市人才总量与大同、运城等地级市相比，有一定差距，占比不靠前。与南京、武汉等省会城市相比，差距则更大。

（二）人才结构不优

从人才层次来看，高层次人才十分紧缺。晋城市初、中、高专业技术人员分布不均衡，复合型人才、拔尖人才、领军人才更是严重不足。从行业分布来看，产业类人才仍然存在较大的短板，引进的高层次人才主要集中在教育和医疗卫生部门。2021 年引进的硕士以上人才，大部分在机关事业单位，无法适应晋城市企业对产业转型的需求。从年龄结构来看，晋城市年轻的优秀人才依然偏少。

（三）人才流失严重

一方面是高层次人才来了留不住，另一方面是本地考生学成后不回来，近5年每年考上“985”“211”高校的学生有数千名，但回晋城市就业的寥寥无几，人才外流严重。

（四）本土人才培养力度不大

政策制定普遍聚焦外来人才引进，在本地人才培养上用力不够，特别是对技能类、中端人才的培养不够，除了光机电产业，各行业基本没有形成统一、高效、开放的本土人才培育体系。

（五）创新创业平台建设仍比较滞后

平台数量不多、规模不大、层次不高，对高层次人才的培育、吸纳、承载能力较弱。

（六）人才发展体制机制滞后

人才引进后，管理培养力度不够，人才的跟踪考核、职业规划引导工作建设相对滞后，这种情况加重并加大了期望与现实之间的矛盾。同时，薪酬激励机制相对单一，人才职业发展路径狭窄，晋升导向单一，无法对优秀人才形成有效吸引，导致优秀人才“留不住、用不好”现象比较突出。

（七）集聚优秀人才的“洼地”难以形成

目前晋城市开发区光机电产业集群在加速推动建立中，但是产业集群的形成需要一定时间的积累，部分光机电专业人才创业意识不强，对于成长中的光机电产业集群缺乏耐心。部分县区企业规模小，科技含量低，对高端人才需求量不多，部分传统企业不愿在人才引进、培养上加大投入，引才、育才积极性不足，薪酬待遇及后续培养上持续力较弱，难以吸引和留住优秀人才。

（八）“市校合作”配套政策缺失

在深化市校合作“12大基地”建设工作中，高平市注重发挥能源、区位、产业、康养、文化五大比较优势，与高校开展合作，开展招才引智活动。在基地建设工作中，存在相关配套政策缺失，推动工作乏力，基地建设“为建而建”的问题。例如，高平市已建成了5个大学生实习实训基地，接受200多名大学生来晋城市实习实训，经初步调查，在实习实训结束后，接近80%的人员失去联系，能留在高平市工作的人才不多，对如何做好实习实训后“招才引智”的“后半篇文章”缺乏系统思考和主动谋划，没能将基地优势转化为引才优势。有的合作基地只是为了完成基地建设任务，匆匆与相关学校签订了协议，引进的未必是急需的人才，甚至有的为了基地建设花费了大量经费，是否物有所值难以衡量。

三、深化晋城市人才体制机制改革的对策建议

坚持以习近平新时代中国特色社会主义思想，特别是人才工作重要思想为遵循，紧紧围绕贯彻落实《关于深化人才发展体制机制改革的意见》和《中共山西省委关于深化人才发展体制机制改革的实施意见》精神，着力破除不利于人才发展的体制机制性障碍，最大限度激发各类人才创新创造活力，积极构建充满活力、富有效率、动态开放的人才发展体制机制，为建设绿色、开放、幸福、美丽新晋城提供人才支撑。

（一）建立科学高效的人才管理体制

坚持党管人才原则，推动形成党委统一领导、党政齐抓共管、组织部门牵头抓总、有关部门各司其职、密切配合，社会力量充分参与的人才工作新格局。

1. 健全人才管理体系

强化政府人才宏观管理、政策法规制定、公共服务、监督保障等职能，减少对用人主体和资源配置的直接干预。改进事业单位岗位管理模式，实行岗位总量动态调整，事业单位根据规定自主设置岗位。积极构建统一、开放的人才市场体系，大力发展专业性、行业性人才市场，尽快成立组建市属国有人才集团，全力打造在全省有影响力的人才品牌企业，为晋城“1+5”现代产业引进一大批优秀人才。破除高校、科研院所人才管理中的行政化、“官本位”倾向，对担任行政职务的专业技术人才，在学术和企业兼职、出国境管理、“裸官”认定等方面，实行有别于党政领导干部的管理方式。

2. 强化人才工作督查考核

严格落实党委（党组）书记人才工作第一责任人责任，将人才工作列为

落实党建工作责任制情况述职的重要内容，实行人才工作领导小组成员单位抓人才工作述职制度。进一步强化人才工作目标责任制考核，将考核结果作为领导班子和领导干部评价的重要依据。加强人才工作机构建设，配齐配强工作力量，将行业、领域人才队伍建设列入相关职能部门“三定”规定。

3. 做好人才保障服务

完善落实领导干部联系专家、特殊一线人才医疗保健等制度，团结凝聚优秀人才，对优秀人才聘请其担任相关领域的咨询专家、顾问。加强各类人才的教育培训、国情研修，增强认同感和向心力。高度重视宣传引导，深入解读党和国家关于人才工作的方针政策，积极推广人才工作的创新做法和先进经验，大力宣传长期扎根基层一线、创新创业奉献的先进人才典型，在全社会营造识才、爱才、敬才、用才的良好氛围；建议市党建研究会围绕晋城市的“1+5”产业体系，组织专业人士专题研究每个产业领域存在的人才体制机制问题，拿出解决问题的实招好招，努力破解晋城市引才难、留才难的窘境。

（二）健全更加开放的人才引进机制

加强重点产业人才发展统筹和分类指导，建立急需紧缺人才认定和专业目录发布制度，采取刚柔并济的方式引进人才。要对照清单引才。中共晋城市委人才工作领导小组办公室牵头，市人力资源和社会保障局及人才成员单位具体实施，在晋城的各类企业配合尽快建立四个清单：一是晋城籍贯在外精英人才清单，这是很重要的人才资源，要对接服务好；二是晋城籍贯在校本科生、硕士生、博士生清单，包含什么学校，什么专业，有何特长，有哪些就业需求等信息，要心中有数；三是晋城人才现状清单，包含有什么需求，有什么成绩，都要掌握；四是晋城紧缺实用型人才目录清单。这些都要建档立卡，把情况摸清。清单建起来后，要建立联动机制，实行动态管理，再结合实际去做工作，这样才能有的放矢做好引才工作。企业是引才主体，要聚焦晋城市的“六大战略定位”“八方面重点工作”来引才。重中之重是要紧扣构建“1+5”现代产业体系，用“产业发展地图”导航“人才发展地图”，推动人才工作与产业发展互促互成。各级开发区要充分发挥主战场、主阵地、主力军作用，紧扣主导产业，利用平台、政策、资金等要素集聚优势，积极引进一批符合产业发展方向、具有自主创新成果的“双创”人才和创新团队，实现“项目+人才”打包引进。建好基地引才，要持续深化省校、市校合作“12大基地”建设，推动“人才、技术、项目”全方位对接合作转化。要依托“大学生就业创业基地”，为刚步入社会的大学生提供最有效、最直接的指导和支持，帮助更多大学生在晋城就业创业；要依托“科研平台延伸基地”，采取重大项目“揭榜挂帅”“赛马”等方式，吸引国内外人才揭榜领衔项目建设；要依托“校友招商引才基地”，精心谋划开展“院士行”“专家行”“校园行”等系列活动，实现校地双方人才共享、资源共用、互利共赢。

（三）持续完善以用为本的人才培养机制

全方位推动高质量发展对人才的需求是全方位的、多层次的，不能完全靠“拿来主义”，必须坚持引进、培育“双轮驱动”。尤其是党政人才、企业经营管理人才、专业技术人才、高技能人才、农村实用人才、社会工作人才，更是要练好内功，靠自己来培养，打造一支“带不走”的本土人才队伍。

发挥高校主阵地作用。高校是人才集聚、创新创业的高地。山西科技学院正式招生，掀开了晋城市人才培养的新篇章。作为省属理工类院校，山西科技学院坚持以工为主、多科协同、集群发展，设置 8 个学科门类、47 个本科专业，并且积极筹建院士工作站和新材料研究院、新能源研究院等新型科研机构，学科设置与省、市重点产业转型需求高度契合。着力把山西科技学院建成晋城市人才自主培养的主阵地，推动实现校地双方协同发展、互利共赢。

着力培养技能型人才。对晋城市来讲，高层次人才主要靠引进，而技能型人才则主要靠自我培养。要继续把发展职业教育作为培养实用型人才的重要抓手，依托晋城职业技术学院，深化产教融合、校企合作，大力实施本土工程师和高技能人才扩容行动；要深化“双元制”“订单式”技能人才培养机制，开展紧缺工种定向培养合作，推动形成产教良性互动、校企优势互补的发展格局；要适度超前培养新兴产业急需人才，打造数量充足、发展亟须的高素质职业技能人才队伍。

采用多种方式培育人才。人才的培育是一个系统工程，要建立系统化的人才培养机制。要坚持“走出去”和“请进来”相结合，一方面，每年组织各领域专家人才到先进发达地区学习考察、开阔视野、增强本领；另一方面，多邀请国内一流专家，针对晋城市专业人才知识结构的短板开展辅导培训。同时，要继续用好晋城市上挂、下派、到企业挂职等多渠道培养锻炼干部人才的办法，鼓励引导各类人才，特别是优秀年轻人才到矛盾问题集中、任务艰巨繁重的基层一线、生产一线锻炼成长，统筹经济社会发展需求和人才培养开发规划，探索形成以创新创业为导向的人才培养机制。

（四）持续完善人才评价体系和评价机制

坚持德才兼备、注重实绩的人才评价导向，克服唯论文、唯学历、唯职称、唯奖项等问题。一是加快建立以创新价值、能力、贡献为导向的人才评价体系，形成并实施有利于科技人才潜心研究和创新体系。尽快组建晋城人才体制机制研究专业队伍，明确研究任务和时限，研究制定晋城分类推进人才评价机制改革的实施意见，对基础研究、应用研究、科技成果转化、哲学社会科学等不同类型人才采取不同指标体系。充分发挥政府、市场、行业协会、用人单位等主体作用，建立完善评审专家数据库，形成社会化、市场化、多元化人才评价体系。建立符合各类人才岗位特点的人才评价机制。二是深化职称制度和职业资格制度改革。研究制定深化职称制度改革的实施意见，深化高校教师职称制度改革，推动高校自主评聘，强化事中事后监管。不断拓宽职称评价人员范围，对符合条件的高技能人才，可参加工程系列专业技术人才职称评审。进一步畅通非公有制经济组织和社会组织人才申报参加职称评审渠道。规范职业资格准入和评价管理，推进职业资格与职称制度有效衔接。三是完善符合基层岗位特点的人才评价机制。健全完善基层专业技术人才岗位聘用、工资待遇等管理办法，对业绩突出人员直接推荐评审中级、高级专业技术职称。建立县乡事业单位管理岗位职员等级晋升制度，提高基层事业单位管理人员待遇。逐步推行“凡晋必下”制度，对晋升副高以上专业技术职务的人员，须有县及县以下对口单位相应专业技术岗位 1 年以上的服务或工作经历。

（五）畅通市场化配置的人才流动体制机制

打破户籍、地域、身份、学历、人事关系、年龄等制约，促进人才在不同性质单位、不同地域有序自由流动。一是破除限制人才流动的各种障碍。畅通党政机关、企事业单位和社会组织等各方面人才流动渠道，建立高层次创新人才跨体制流动机制，研究制定吸引非公有制经济组织和社会组织优秀人才进入党政机关、国家企事业单位的政策措施。畅通国有企业经营管理人才与职业经理人才身份转换通道，鼓励有创新实践经验的企业管理和科技人才到高校、科研机构兼职。支持和鼓励事业单位选派专业技术人员到企业挂职或者参与项目合作。二是建立乡村振兴人才智力帮扶机制。全面实施乡村人才保障工程，每年选派多名高层次专业技术人才和科技特派员，深入乡村开展技术指导和科技帮扶。建立高层次人才、领军人才联系服务基层长效机制，定点联系行业系统一线部门和单位。三是引导人才向艰苦边远地区、基层一线流动。制定引导人才向基层、向艰苦地区流动锻炼、创业的实施意见，推动卫生、农业、教育、科技、文化领域人才到基层挂职锻炼和兼职服务。各类人才在艰苦边远地区和基层一线服务期间，原单位岗位、职级、工资福利保留不变，并由原单位补发地区工资差额。深入实施鼓励高校毕业生到基层一线就业服务计划，切实解决基层人才紧缺的问题。

（六）持续改进灵活多元的人才激励机制

探索健全有利于科研人员潜心研究和创新的政策，不断增强人才的内生动力。一是激发科技人才创新创造活力。赋予高校、科研院所科技成果使用、处置自主权，允许通过协议定价、挂牌交易、拍卖等方式进行转让转化，收益归该单位所有，主管部门不再审批或备案。鼓励和允许国有企业在科技成果转化实现盈利后，连续 3 年、每年提取不高于 20% 的转化利润，用于奖励核心研发人员、团队成员及有重大贡献的科技管理人员。二是鼓励和支持人才创新创业。实施高层次创业人才扶持行动，减免对创业人员的行政性收费，加强创业担保贷款对自主创业的支持。支持和鼓励高校、科研院所、医疗机构专业技术人员兼职创新、在职创办企业或离岗创业，离岗创业人员经单位同意，可在 3 年内保留原单位人事关系，工作年限连续计算。三是实施优秀杰出人才奖励制度。晋城市每年评选表彰一批长期扎根基层一线、作出突出贡献的优秀人才。四是建立多元化人才投入机制。把人才发展支出列为财政支出重点领域予以优先保障，对急需紧缺人才引进、重点人才项目实施、人才激励扶持、人才创新平台建设、优秀人才奖励等费用，每年列入市、县区财政预算全力保障。制定鼓励企业、社会组织加大人才投入的政策措施，创新人才与资本、技术对接合作模式。

（七）持续加大民营企业引才支持

牵线搭桥“走出去”，积极与省内外高校、科研院所等人才聚集地对接，支持企业主动到人才聚集地开展合作交流、现场招聘等形式多样的招才引智活动。提升民营企业引才奖励、就业补贴、租购房补贴、社会保险补贴等支撑政策兑现力度，引导优秀人才选择民营企业就业。人力资源和社会保障部门落实职称评定改革政策，在职称评定方面加强对民营企业人才的支持。大力培育发展社会第三方民营企业服务机构，完善民营企业人才服务体系，千方百计为民营企业留住人才。

（八）持续完善“12 大基地”考核机制

研究制定市校合作和“12 大基地”建设细化政策措施，对相关基地建设的标准、流程、效果和激励措施予以明确，注重市校合作引才引智和成效的督导考核，对好的经验做法逐步形成工作规范加以推广，加强对省校、市校合作的统筹和指导，持续用力，久久为功，进一步推动基地建设走深走实。

（成向阳，山西省晋城市人才协会执行会长兼秘书长；赵彪，山西省晋城市人才协会高层次人才专业委员会副主任；宋凌云，晋城开放大学副校长）

人才开发研究

新时代大学生法治教育“获得感”：价值、问题与对策*

马抗美　李云智

摘　要：大学生法治教育的“获得感”，是指大学生在接受法治教育过程中认知、行为、信仰等方面因获得某种需要的满足而产生的正向的心理感受，主要体现在法治知识、法治观念、法治能力、法治信仰四个层面。提升大学生法治教育的“获得感”，对于建设“法治中国”、推动新时代社会发展、促进大学生的健康成长都有重要意义。新时代大学生法治教育“获得感”的不足主要表现为法治认知欠缺、法治能力明显不足、法治信仰不坚定。提升大学生法治教育的“获得感”，可以从丰富法治教育的内容、构建多样化的法治教育方式、营造立体式的法治教育环境等方面入手。

关键词：获得感；法治教育；法治素养；大学生；新时代

依法治国是党领导人民治理国家的基本方略。自党的十五大首次提出“建设社会主义法治国家”的目标以来，中国共产党高度重视法治建设。党的十八大以后，中国特色社会主义进入新时代，中国共产党更加重视发挥法治在治国理政中的重要作用，党的十八届四中全会旗帜鲜明地指出要全面推进依法治国、加快法治中国建设，法治必将发挥更为重要的作用。习近平总书记提出：全面建设社会主义现代化国家、全面深化改革、全面依法治国、全面从严治党。由此可知，我国把全面依法治国提高到国家发展战略的新高度，明确了法治在新的历史时期担负的基础性、保障性作用。目前，我国正处于全面建成社会主义现代化强国、实现第二个百年奋斗目标的重要时期，坚持全面依法治国，习近平总书记指出：必须更好发挥法治固根本、稳预期、利长远的保障作

* 本篇论文来自2019年共青团中央“青少年发展研究”重大课题项目中的“青少年法治素养评价体系研究”（19ZL006）和北京高校中国特色社会主义理论研究协同创新中心（中国政法大学）阶段性成果。

用，在法治轨道上全面建设社会主义现代化国家[①]。这无疑对法治建设提出更高要求。

建设社会主义法治国家，要求人民群众具备相当的法治素养。党的二十大报告中提出：引导全体人民做社会主义法治的忠实崇尚者、自觉遵守者、坚定捍卫者[②]。这凸显了法治教育在建设社会主义法治国家中的重要作用。2016年，教育部、司法部、全国普法办公室联合发布《青少年法治教育大纲》，明确将法治教育纳入国民教育体系。大学生是法治中国的建设者和接班人，他们的法治素养直接影响法治中国建设的进程。高校法治教育是培育大学生法治素养的主阵地和主渠道，增强法治教育的“获得感”是高校法治教育的重要目标。新时代背景下推进高校法治教育，应关注大学生法治教育的“获得感”、着眼于大学生成长发展需求的满足，这对于提升大学生法治教育的实效性具有非常重要的现实意义。

一、大学生法治教育“获得感”的内涵及价值意蕴

“获得感”一词指的是主体基于一定的获得而产生的一种正向的主观感受。习近平总书记在多次讲话中都提到了“获得感”：在2015年中央全面深化改革领导小组第十次会议上提出，把改革方案的含金量充分展示出来，让人民群众有更多获得感。[③] 并在之后的多次讲话中都提到了“获得感”。在2016年中央全面深化改革领导小组第二十一次会议上提出，把是否促进经济社会发展、是否给人民群众带来实实在在的获得感，作为改革成效的评价标准。[④] 在党的十九大报告中提出，使人民获得感、幸福感、安全感更加充实、更有保障、更可持续。[⑤] “获得感”就是人们的利益得到维护和实现后而产生的满足感，他要求更多地把广大人民群众的切身感受作为检验改革效果的重要指标，其实就是努力使各项改革都能满足人民群众愿望和期待，让人民群众能够实实在在地感受到改革的成效，这充分彰显了中国共产党以人民为中心、人民至上的执政理念。此后，“获得感”成为新时代的一个热词并引入思想政治教育领

①② 习近平. 高举中国特色社会主义伟大旗帜　为全面建设社会主义现代化国家而团结奋斗：在中国共产党第二十次全国代表大会上的报告［N］. 人民日报，2022-10-26（1）.

③ 中共中央文献研究所. 习近平关于协调推进“四个全面”战略布局论述摘编［M］. 北京：中央文献出版社，2015：88.

④ 深入扎实抓好改革落实工作 盯着抓反复抓直到抓出成效［N］. 人民日报，2016-02-24（1）.

⑤ 习近平. 决胜全面建成小康社会　夺取新时代中国特色社会主义伟大胜利：在中国共产党第十九次全国代表大会上的报告［N］. 人民日报，2017-10-28（1）.

域。教育部通过的《2017年高校思想政治理论课教学质量年专项工作总体方案》明确提出，要切实增强大学生对思政课的获得感。[①] 这意味着思想政治理论课教学不仅要重视教学的效果，而且要关注学生们的主观感受，要把学生的“获得感”作为检验思政课教学质量的“试金石”。习近平总书记在全国高校思想政治工作会议上指出，满足学生成长发展需求和期待。[②] 这实际上就是要增强学生的“获得感”。

高校法治教育是思想政治教育的重要组成部分。大学生法治教育的“获得感”，是指大学生在接受法治教育过程中认知、行为、信仰等方面因获得某种需要的满足而产生的正向的心理感受，主要体现在法治知识、法治观念、法治能力、法治信仰四个层面。具体说，一是法治知识的“获得感”。法治知识是法治教育的基础，既包括具体的法律知识，也包括法律的相关知识。大学生法治知识上的获得感表现为通过学习，掌握以宪法为核心的法律知识，了解中国特色社会主义法律体系的内容，正确认识理解法律赋予的基本权利和义务。二是法治观念的“获得感”。法治观念的“获得感”是指大学生接受法治教育以后，具备良好的法治观念，能够正确认识法律价值、功能，理解法治理念和精神，具有遵守法律的思想意识和行为习惯，自觉以法治精神为准则处理问题。三是法治能力的“获得感”。法治能力即运用法律解决问题的能力，主要表现为大学生可以运用法律知识采取合法有效的手段维护自己或他人的合法权益，按照法律规定的程序和规则来办事，以法治方式参与社会公共事务、规范自己的行为，履行权利和义务。四是法治信仰的“获得感”。法治感情是大学生在接受法治教育之后，在对法治知识理解和应用的基础上产生的积极情感体验，表现为认同法治的精神和价值，自觉维护社会主义法治的尊严，具有中国特色社会主义法治道路的坚定理想和信念。中国特色社会主义进入新时代，法治教育在推进法治中国建设的过程中起着重要作用，增强大学生法治教育的“获得感”，其价值主要体现在以下三个方面。

（一）提升大学生法治教育的“获得感”是建设“法治中国”的必然要求

全面依法治国是坚持和发展习近平新时代中国特色社会主义思想的基本方

① 教育部发布高校思政课工作方案：增强大学生的思政课获得感［N］. 人民日报，2017－05－12（12）.

② 习近平在全国高校思想政治工作会议上强调：把思想政治工作贯穿教育教学全过程 开创我国高等教育事业发展新局面［N］. 人民日报，2016－12－09（1）.

略。推进全面依法治国、建设法治国家不仅需要制定系统完善的法律法规，而且需要由一批懂法用法、具有坚定法治信仰的高素质社会成员推动。大学生是我国未来依法治国的实施者和接棒人，是传承和弘扬中国特色社会主义法治文明的重要力量，他们法治素养的状况在一定程度上代表着未来社会成员法治素质的高低，关乎法治中国目标能否顺利实现。随着我国高等教育由精英教育发展到大众教育，近几年大学生群体数量占全国人口的比重大幅上升，作为新时代的大学生，他们在法治中国建设中的影响力也不容小觑。大学生群体可塑性强，是社会成员的重要组成部分，高校通过对大学生进行法治教育，增强大学生法治教育的“获得感”，提高法治教育的实效性，丰富他们的法治知识，提高法治行为的能力，坚定法治信仰，有利于发挥他们在法治国家建设中的引领作用。通过大学生群体扩大法治理念和法治精神的传播和普及，带动广大社会成员遵纪守法，进而营造良好的法治氛围，推动依法治国战略方针的贯彻落实，促进法治中国奋斗目标的最终实现。

（二）提升大学生法治教育的“获得感”是新时代社会发展的现实要求

大学生是中国特色社会主义事业的接班人，承担着实现中华民族伟大复兴的重任，这要求他们必须具有很高的素质。进入新时代，城市化进程加速发展，社会主义市场经济体制不断完善，法治已经成为我国社会治理的基本方式，党和政府高度重视法治建设。在这样的环境下，法治覆盖了社会生活的各个领域，对社会发展的影响越来越大，社会主义现代化建设的推动需要一批懂法用法的骨干人才提供法治智力支持，法治素养已经成为当代大学生必备的核心素质之一，影响着专业水平的发挥，不管他们未来从事何种职业，都和法治紧密相关。高校是大学生从校园步入社会的过渡阶段，高校通过法治教育，增强大学生法治教育的“获得感”，有利于提高大学生法治素养，适应社会发展的现实要求，使他们在未来步入社会后成为具备法治素养的复合型人才，能够运用法律规则应对经济社会活动的要求，按照法治精神思考、解决各种问题、规范自己的行为，养成遵守法律的行为习惯，这样才能提高他们适应社会生存的能力，在日趋激烈的社会竞争中立于不败之地。

（三）提升大学生法治教育的“获得感”是大学生健康成长的内在需要

法治教育是高校教育不可或缺的组成部分。当今中国社会正处在快速发展的时期，大学生面临的外部环境日益复杂，多元化的价值观、极端个人主义和拜金主义等不良思潮的影响以及互联网技术的快速发展，都深刻影响着大学生的学习和生活。大学生虽然生理发育已接近成年人，但心理成长尚未完全成熟、价值观念不稳定、情绪变化起伏大，容易偏激、冲动甚至导致违法犯罪。近些年，由于法律知识的缺乏和法治意识淡薄引发的大学生违法犯罪事件屡有发生，通过有效的法治教育，增强成长的“获得感”，能够帮助大学生提高法治认知水平，提高辨别是非的能力、明晰法律底线，培养大学生的法治观念和契约精神、完善自我品格，促使大学生在日常生活中时刻用法律约束和规范自己的行为，遇事能够理性、冷静地看待和处理，防止上当受骗、预防和减少违法犯罪。当面临纠纷时能够识别可能受到的侵害，当受到侵害时，也能够用法律手段维护自己的合法权益，避免作出错误举动。

二、新时代大学生法治教育“获得感”不足的主要表现

党的十五大以来，随着依法治国方略的全面贯彻实行，我国加快了法治国家建设的步伐，高校普遍加强了学生的法治教育，大学生法治素养有了很大的提升。全面依法治国是新时代坚持和发展中国特色社会主义的基本方略之一，这对高校法治教育提出了更高的要求。为了了解目前大学生法治教育状况，笔者进行了实地调研。① 数据表明，总体上看，与普通社会成员相比，大学生法治素养较高，但由于法治教育内容滞后、课程设置不合理等原因，当前大学生法治教育还存在一些问题，法治教育“获得感”不足，这主要表现在以下三个方面。

（一）大学生有一定的法律知识基础，但总体上法治认知欠缺

法律知识是法治素养的基础，是提高大学生法治能力、坚定法治信仰的必备环节。只有知法，才能懂法、守法。经过高校多年的法治教育实践，大学生已经具备了一定的法律知识基础，对法律认知水平有所提高。但由于种种原因，从总体上看，大学生法治知识仍然比较欠缺，不能满足他们的需要，主要表现在以下三个方面。

第一，大学生对于法治的认知还有一定的差距。

---

① 本篇论文的数据全部来自《青少年法治素养评价体系研究》课题，主要采用调查问卷方式进行，共回收有效调查问卷 699 份，所学专业涉及哲学类、经济学类、法学类、教育学类、文学类、历史学类、理学类、工学类、农学类、医学类、军事学类、管理学类，调查的学生包括大一至大四的本科生。

知法是懂法、守法、用法的前提和基础，必备的法律知识是法治教育的切入点。中国特色社会主义法律知识包含丰富的内容，在调研中，课题组设置了几个关于法律认知的基本问题，如对“法律”的理解。调查数据显示，有89.41%的学生选择“依靠国家的警察（公安机关）、法院等作为后盾保障实施的行为规范”，而对于“公民基本法律权利”问题的理解，选择政治权利、人身权利、财产权利、社会经济权利、宗教信仰与文化权利的同学比例分别为87.98%、88.70%、85.55%、69.38%、76.25%，对于“公民基本法律义务的内容”的回答，选择维护国家统一和民族团结、保守国家秘密、爱护公共财产、遵守劳动纪律、遵守公共秩序、依法服兵役、依法纳税的同学比例分别为90.70%、83.69%、68.53%、58.66%、67.38%、86.12%、83.69%。而关于“法制”与“法治”内涵的理解，认为有本质区别，选择“法治”是“主张严格依法律治理国家的一种理论、原则、理念和方法，含义更为丰富”的学生比例为94.85%。这个数据说明大学生已经对基本的权利和义务有比较明确的认知，能够较好地理解法治的内涵，但是，显然这与新时代高校法治教育的要求还有一定距离。

第二，大学生对我国法律体系缺乏系统的了解。

2011年，我国已经建成了以宪法为核心的比较完善的中国特色社会主义法律体系。大学生虽然具有一定的法律知识，但对我国法律体系掌握情况仍欠佳。我们在调查问卷中列出了与大学生学习生活比较密切的10部法律，分别为《反分裂国家法》《刑法》《行政诉讼法》《物权法》《合同法》《治安管理处罚法》《信息网络传播权保护条例》《消费者权益保护法》《婚姻法》① 《学位条例》，其中选择比较了解的学生比例分别为15.45%、33.76%、19.31%、21.32%、24.46%、16.74%、17.02%、26.61%、27.18%、18.03%；选择非常了解的学生比例分别为：5.01%、18.74%、10.16%、15.45%、15.74%、6.72%、6.44%、8.01%、11.30%、6.15%。两项加起来，最了解的刑法仅占52.50%、只占所有学生的一半多，而最不了解的反分裂国家法只有20.46%。另一项调查显示，对于“发生财产纠纷通常是哪一部门法来调整?”这个问题，选择《物权法》的学生比例为87.12%。这说明大多数非法律专业的学生所具备的法律知识有限，对民法等常识性、基础性的知识有一定的认识，而对其他部门法，包括与自身利益相关的法律法规了解的程度远远不

① 《民法典》于2021年1月1日起施行，与此同时，《物权法》《合同法》《婚姻法》废止。由于本篇论文的数据收集始于2019年，为不影响数据分析的结果，故保留已废止的法律文件调查数据，下同。

够，对我国法律体系总体上认知水平不高。

第三，大学生对建设法治中国的认识比较模糊。

党和法治的关系是法治建设的核心问题。党的领导是中国特色社会主义法治道路的重要特征，关乎法治建设的政治方向。全面推进依法治国，必须坚持中国共产党的领导，关于“社会主义法治最根本的保证是？”这一问题的回答，认为“坚持人民主体地位”的学生比例为18.88%，认为“坚持法律面前人人平等”的学生比例为29.18%，认为“坚持依法治国和以德治国相结合”的学生比例为8.44%，只有43.49%的学生选择“坚持中国共产党的领导”。这说明大部分同学并不能正确认识党的领导与依法治国的关系。通过调查发现，相当一部分学生对中国特色社会主义法治体系的内容不清楚，选择“形成完备的法律规范体系”的学生比例为86.27%，选择“高效的法治实施体系”的学生比例为83.26%，选择“严密的法治监督体系”的学生比例为84.55%，选择“有力的法治保障体系”的学生比例为79.83%，选择“形成完善的党内法规体系”的学生比例为61.23%。调查中还发现，对于“全面推进依法治国战略目标”这个问题，很多学生并不清楚，认为是“建设中国特色社会主义法治体系”和“建设社会主义法治国家”的学生比例分别是81.40%和71.82%，还有近四成的学生选择是“建设社会主义法治政府”和“建设社会主义法治文化”。

（二）大学生虽然认同法治的基本价值理念，但法治能力明显不足

法治观念反映了对法治的认知水平以及基于这种认知水平所形成的对法治的基本态度。法治的基本理念包括规则至上、权利平等、权力控制、程序优先等。大学生法治教育的成果最终体现在能否将法治知识内化为实践过程，但是由于法治实践教育较为缺乏，他们虽然认同法治的基本价值理念，但对法律知识的理解更多停留在感性认识层面，法治能力明显不足。

第一，大学生有一定的权利意识，但维权能力缺乏。

大学生的权利意识与权益受侵害程度密切相关。调查数据表明，大学生有一定的权利意识，在遇到个人权益受到侵犯的事情时，大多数学生能够选择拒绝，例如在问到“公交车上有人手机被偷，失主要求搜查全车人的随身物品和身体，你同意吗？”这个问题时，有79.97%的学生选择“不同意”，选择“同意”的学生仅占10.16%。但是在实际生活中，大学生的权利意识比较弱，并不善于运用法律保护自己，例如在购买商品、乘坐出租车、饭店就餐等日常消

费中，选择经常会主动索要发票的学生仅占 24.46%，有时会主动索要发票的学生占 45.21%，选择很少会和不会主动索要发票的学生分别占 24.89% 和 5.44%。这就使部分大学生与他人发生纠纷时，往往因缺乏有效的证据而投诉无门。

第二，大学生有一定的规则意识，但以法治方式化解矛盾纠纷的能力不足。

法治是公正的规则之治。受传统的人情社会行为方式的影响，部分大学生并未建立起与法治建设相适应的思维方式。一些大学生在合法权利受到侵害时，并不能积极主动地利用法律武器维护自身的正当权益，而是依靠人情、关系，试图从与自己熟悉的社会成员中寻求帮助。例如调查中对于“如果你申请网络贷款遭遇高利贷威胁，你会如何应对这种情况?”这个问题，选择“保持沉默、默默忍受”的学生占 2.86%，选择“及时向老师反映情况、寻求学校帮助”的学生占 25.75%；选择“及时告诉父母，寻求家庭帮助”的学生占 16.74%；选择“通过媒体舆论曝光”的学生占 3.58%；只有 49.64% 的学生能够选择“寻求法律方式解决”。调查中还发现部分大学生当自己的合法权益受到侵犯时，为避免麻烦表现出消极忍让、息事宁人的态度，调查中对于“有人在网上发表对你的侮辱性话语”这件事的处理方式，有 22.17% 的学生选择“不予理睬”，“采取合理的法律手段解决”的学生比例仅为 64.52%。

第三，大学生虽然有较强的遵守法律观念，但护法能力不强。

法律法规要想落到实处，必须遵守法律，并以实际行动维护法律权威。任何行为都要将法律作为最高权威，自觉依据法律规定办事。调查数据表明，当遇到法律问题时，通常会采取总是遵守法律的学生占 69.96%，当与他人产生了激烈矛盾纠纷时，首先会想到“运用法律和学校规章制度解决”的学生占 66.95%，这说明大学生具有较强的遵守法律观念。但调查中发现，在日常生活中，部分大学生并不能积极主动维护法律的尊严，例如，近几年社会上频频出现春节“租”女（男）友回家的现象，对于“出租”男女友之前签订的合同是否具有法律效力的问题，认为“无效”的学生占 53.51%，认为“有效”或“不清楚”的学生分别是 34.76% 和 11.73%。当大学生遇到违法违纪现象，也会采取漠视的态度。在被问及“当你发现同学或朋友运用不正当手段获取利益时，你是否会制止?”这一问题时，他们的态度模棱两可，选择“看具体情况”的学生占 45.78%，“装作不知道”的学生占 5.15%，占被调查人数的一半以上的学生不愿阻止违法犯罪行为的发生，只有 45.35% 的学生选择“肯定会”。在另一项调查中，“指出过别人的违法行为”的学生比例为46.07%，占比不到一半，这反映出多数大学生缺乏与违法犯罪行为作斗争的勇气，护法的能力较弱。

（三）大学生法治情感淡漠，法治信仰不坚定

法治信仰是由于社会成员对法治的精神和价值的认同而产生的依恋感，表现为人们不仅从形式上守法与用法，而且内心也对法律尊重和认同，它是法治情感外化为行动的表现。改革开放以来，随着国家法治建设进程的推进和高校法治教育的加强，我国法治建设取得了极大的进展，大学生的法治观念不断增强，他们认同现代法治理念，但碰到现实问题时，又表现出知行不一的矛盾行为。

第一，大学生对法治的情感比较淡漠。

情感是树立法治信仰的关键。一个拥有信仰的人，对信仰事物必定表现出深厚的感情。法治信仰的树立不是来源于枯燥无味的说教，而是来源于人类心底的情感。法治作为治国理政的基本方略，需要广泛的社会基础，需要广大群众发自内心地拥护和崇尚。法治教育对于大学生个体和法治中国建设都具有重要作用。调研数据显示，绝大多数学生对法治的作用有比较理性的认识，例如在问到“你认为新时代大学生综合素质评价应该包括法治素养评价吗?”这个问题时，选择“有必要”的学生比例占到71.53%，选择“较有必要”的学生比例为21.60%，两个选项加起来占到93.13%。但是从大学生接受法治教育的态度上看，除了学习“思想道德修养与法律基础”课程，参加过“选修法学相关课程”“听法学相关讲座”“法律社团活动”“法律宣传活动”“法律援助活动”“法治相关实习活动”“参观法治相关专题展览、观摩”“浏览法治相关网页”“收看电视网络等媒体节目”等活动的比例分别为68.10%、66.95%、44.49%、42.78%、25.04%、32.90%、41.92%、55.36%、64.52%，这说明部分大学生主观上对法律知识学习和法治意识的培养重视程度不够，法治情感淡漠。

第二，大学生缺乏对法治的敬畏之心。

敬畏是法治情感的高级表现，它内在地约束着社会成员的行为按照法治的理念和规则行事。只有内心真诚信仰法治，才能自觉地抵制违法犯罪的行为，坚定捍卫中国特色社会主义法治的尊严。但是在现实生活中，部分大学生遵守规则并不是自觉的行为，而是由于外在强制力使然，现实生活中很多同学并不

能用规则来约束自己的行为。笔者列出了10个日常生活中遇到的违法行为，例如“因赶时间而乱穿马路、闯红灯”“在寝室使用违章电器”“抄袭论文或者伪造数据”“购买盗版书或者盗版影像制品”等，结果显示，只有21.03%的学生都没有做过。由此可见，大学生的法治情感距离敬畏法律还有一定的距离，尚未完全形成法律至上的观念，法治信仰并不坚定，在违法成本较低的情况下，仍然会不同程度地违反规则。

第三，大学生法治学习中存在一定程度的功利主义倾向。

高校法治教育既是知识教育，更是信仰教育，是要在对法治认知的基础上帮助大学生自觉将法治精神、价值理念视为自身判断和处理问题的最高行为准则、树立坚定的法治信仰。但是调查数据表明，部分大学生并不完全是从心里认可法律的作用与价值，一定程度上存在功利主义倾向，缺乏走中国特色社会主义法治道路的自觉。例如对于“你认为‘思想道德修养与法律基础’课程对于提高法治素养的作用如何？如果不是必修课，你会选修该门课吗？”这个问题的回答，认为“很有用，收获很大，肯定会选修”的学生占36.91%，认为“有些作用，可能会选修”的学生占37.48%，可以看到，加上“如果不是必修课”这个条件，比例明显下降。又如，对于学习法治相关知识意义的回答，选择“通过相关考试”的学生占25.75%，大约占到学生总数的1/4，这说明部分大学生法治信仰并不坚定。

三、提升大学生法治教育“获得感”的对策

《青少年法治教育大纲》将法治教育纳入国民教育系列，强调了学校在法治教育中的主体地位。高校是大学生接受法治教育的主阵地和主渠道。在推进全面依法治国战略部署的新阶段，大学生法治教育“获得感”的不足，意味着大学生法治素养的培育与依法治国的时代要求还有一定的差距。高校必须重视大学生法治教育，采取切实可行的对策，不断增强大学生法治教育的针对性和实效性，提高法治教育的“获得感”，努力提升大学生的法治素养，为建设社会主义法治国家提供人才支撑。应重点从以下三个方面入手。

（一）丰富法治教育的内容，增加大学生法治知识的“获得感”

法律知识是法治教育的基础，增加法治知识的“获得感”，需要在教育过程中切实了解大学生的诉求或期待，贴近他们的现实需求，做到有的放矢，使

教育内容能够真正起到帮助学生解决实际困难的作用，让学生产生“受益感”和“满足感”。

第一，强化法治教育必修课程的地位。

课堂是大学生学习法治知识的主要渠道。法治教育也必然是一个系统工程，高校开设的法律选修课程很少、课时安排非常有限，除了专业的学生能够系统地学习到专业法律知识，非法学专业的学生主要依托“思想道德修养和法律基础”课程接受法律知识，但这门课程只有少量内容与法律相关，无法覆盖所有的法律知识，缺乏系统的法律知识结构，不能满足当代大学生的需求。丰富大学生的法律知识，可以独立开设法治教育必修课程，增加与大学生日常生活切合的法律知识的储备，适当引入法学基础专业课程，扩充大学生法律基础理论知识，丰富法治教育的内容。

第二，适当增设法学公共选修课。

由于专业、年级不同，大学生对于法律知识的需求也有差异，而法学专业性强，要求大学生全面系统掌握的可能性不大。因此，在内容安排上，必须立足不同专业、不同年级学生的法律诉求，设置多样的选修课程，将与大学生自身权益息息相关的知识作为教育的重点，弥补法律常识的空白、解决学生的法律困惑。一是学习与大学生专业相关的法律知识。各高校应将法治教育与学生专业教育结合起来，让大学生了解与所学专业相关行业的相关法律，帮助他们未来更好地融入职场。二是丰富与大学生学习生活紧密相连的法律知识。可以充分利用网络视频公开课、慕课、微课等网络共享课程丰富法律选修课，适当增加民法、刑法、合同法与劳动法等部门法内容，以弥补非法学专业学生法治教育课程资源的不足，调整法治教育课程的必修、选修学分分配比重，满足学生多样化的需求。

第三，拓宽高校法治教育的渠道和途径。

一是在日常生活中丰富法治教育的形式。高校要依靠辅导员、班主任加强日常法治教育工作，对学生进行防骗教育、诚信教育和安全教育，引导学生预防犯罪、维护自身权益。二是构建常态化和大众化的法治教育学习制度。高校要积极利用国家宪法日、全国法制宣传日、消费者权益保护日等重要时间节点定期举行法治教育活动，针对一些新制定的法律、典型案例、法律现象及社会热点问题组织专题班会、团课，开设针对性的讲座、学术报告，开展知识竞赛、演讲比赛、微视频大赛等形式多样的校园活动，多角度、多途径地向大学生传播、灌输法律知识。三是拓宽法治教育的渠道。高校可以联合社会力量开展法治教育，针对大学生的法律诉求，不定期地邀请具有丰富经验的法官、检察官、警官、律师等法律工作者到学校开展专题教育讲座，开展法治宣传和法治教育，增强大学生对法治的认知，提高明辨是非的能力。四是充分发挥新媒体的载体作用。可以依托手机应用软件等载体加大法治宣传力度，丰富法治教育的内容，以学生喜闻乐见的形式推送典型法治人物、法治案例，宣传相关法律知识，帮助大学生用法治原则理性对待现实问题。

（二）构建多样化的法治教育方式，提升大学生法治能力的“获得感”

法治能力是通过法律来解决现实生活中遇到的问题、展示法治素养的能力。在高校以往长期的法治教育实践中，往往淡化了学生用法能力的培养和塑造。大学生法治能力的“获得感”，意味着他们不仅要遵守法律，而且在面对各种侵害自身权益的行为时，能够运用法律知识和法律手段解决自身在学习、生活中遇到的纠纷和矛盾，更好地维护自身的权益。

第一，改革教学模式，探索多样化的法治教育方法。

青年学生大多思想活跃，传统的、以讲授式教学为主的课堂授课形式缺乏对大学生足够的吸引力。因此，这就需要探索案例教学、模拟法庭等多样化的法治教育方法，增加学生参与度、提高学生学习的主动性，通过对发生在身边的或者社会普遍关注的违法行为的分析，培养他们运用法律知识解决实际问题的意识和能力，促进学生将所学法律知识运用到实践中，逐渐提升其法治实践能力。

第二，注重发挥实践教学的作用。

法治教育是一项操作性极强的学科，实践教学可以让学生把自己储备的法律知识与现实存在的问题相联系，深化对课堂理论知识的理解，提高运用法律知识分析、解决实际问题的意识和能力。学校可以丰富实践教学的形式，一是加强高校与法律服务机构的合作。高校可以与律师事务所、公证处、司法鉴定所和基层法律服务所等法律服务机构合作，建立法治教育实践基地，增加学生实地参观、旁听司法审判等内容，让大学生体验真实的情境，丰富法治实践。二是鼓励高校校内法律类社团组织活动。可以依托高校法律类社团组织，定期开展志愿服务活动等法治实践活动，使大学生在实践中提升用法、护法的意识和能力。

第三，完善法治教育考核方式。

目前高校在法治教育的考核中，多数采取单一的闭卷形式检验学生的学习效果。这种评价考核方式，侧重于对学生法律基本知识掌握的考核，并不能真实、客观地反映学生用法能力的强弱。因而，应该变革“思想道德修养与法律基础”课程评定成绩的方式，改变法治教育单一的闭卷考核方式，构建多元化的教育评价方式，可采取闭卷考试、论文、行为考察等多种方式对学生进行考核，并合理设计考核计分比重。在注重学生期末考试成绩的同时，更应该提高学生课堂互动表现、参加法律实践活动的情况在学生期末成绩中所占的比重。

（三）营造立体式的法治教育环境，坚定大学生法治信仰的“获得感”

法治信仰是在长期的生活、学习以及社会实践活动中逐渐积淀的，其形成是客观外在条件与主观内部因素相互作用下的结果。进入大学后，学生长期在校园学习生活，因此，有效利用隐性教育的长处，在校园里营造立体式的法治教育环境，把法治知识学习融解到日常生活和学习中，有助于坚定大学生的法治信仰。

第一，在理念上实现从重“传授法律知识”到重“培育法治素养”的转变。

法治的真谛在于社会成员从心里对法律的真诚信仰和忠实践行。只有具备坚定的法治信仰，人们才会自觉维护法律权威。我国高校法治教育的培养目标不仅是教授大学生法治知识，还要使他们理解我国社会主义法治理念的内涵和精神实质、塑造坚定的法治信仰。但在传统的法治教育实践中，更多是强调法律知识的学习、注重“守法”教育。高校法治教育要坚定大学生的法治信仰，必须转变观念，实现从重“灌输法律知识为主”向重“法治素养培育”的转变，突出进行法律观念和法治信仰教育。

第二，优化校园法治文化。

高校应结合大学生自身特点，将法治元素纳入校园文化建设。通过开展丰富多彩的校园活动，搭建形式多样的法治文化活动，宣传法律知识，弘扬法治精神，树立法治权威，营造良好的知法懂法、守法用法的校园法治文化环境，将法治观念融入学生成长的全过程，渗透到学生的行为规则，潜移默化地涵养大学生的法治素养。

第三，以法治精神进行校园管理。

新时代，高校应遵循法治之道。在日常的校园学习和生活中，从制度、章程上加强大学生的规则教育，教育学生自觉依法规范在校的行为，培养依规依法办事的习惯。引导学生树立法治观念与规则意识，要通过正常的法律程序和申诉方式解决师生之间、学生之间的矛盾和纠纷，依法维护自身的合法权益。发挥大学生主人翁的作用，促进学生参与依法治校。高校要科学规范地管理与服务，建立民主化、公正化的校园管理秩序，通过创设多样化的民主方式让学生参与学校事务的管理。通过这些活动，让学生积极参与营造自觉学法、守法、用法的良好法治环境，保障学生的正当合法权利，严厉惩戒违背法治精神和有损法治公正的行为，树立法治权威，让法律至上的理念深入学生的心中，帮助学生树立法治信仰。

总之，大学生的法治素养状况关系到依法治国基本方略的落实和社会主义法治国家进程的推进。高校担负着育人的重任，思想教育工作者必须有清醒的认识和足够的行为自觉。只有正视大学生法治教育存在的问题，采取适当的措施提升大学生法治教育的“获得感”，增强法治教育的实效性，才能培育出符合新时代要求的人才，肩负起中华民族伟大复兴的重任。

（马抗美，中国政法大学原副校长、教授、博士生导师，中国人才研究会副会长、人才学专业委员会副理事长；李云智，中国政法大学马克思主义学院副教授）